LE PETIT LIVRE
DES WHISKIES

SUNTORY
SINGLE MALT
WHISKY
AGED 12 YEARS
THE YAMAZAKI SINGLE MALT WHISKY
STRAIGHT
Rye
WHISKY
100
C.C.
20

LE PETIT LIVRE DES WHISKIES

500 whiskies du monde

SOUS LA DIRECTION DE **CHARLES MACLEAN**

EDITIONS PRISMA

DK INDE
Direction éditoriale Glenda Fernandes
Direction générale Navidita Thapa
Direction de la PAO Sunil Sharma
Designer Heema Sabharwal
Designers en PAO Manish Chandra Upreti,
Mohammed Usman, Neeraj Bhatia

DK ROYAUME-UNI
Éditeur Shashwati Tia Sarkar
Designer Katherine Raj
Direction éditoriale Dawn Henderson
Direction artistique Marianne Markham
Direction artistique pour la jaquette Nicola Powling
Fabrication Ben Marcus
Contrôle de fabrication Dominika Szczepanska
Support technique Sonia Charbonnier

Éléments précédemment publiés
dans *Whiskies du monde*, 2010, Éditions Prisma

ÉDITIONS PRISMA
Directeur Pierre-Olivier Bonfillon
Directrice éditoriale Françoise Kerlo
Chargée d'édition Julie Drouet,
assistée de Stéphanie Goud
Chefs de fabrication Jérôme Brotons
et Anne-Kathrin Fischer

Adaptation *In*Texte, Toulouse
Traduction Ludivine Verbeke

ISBN : 978-2-8104-1316-4
Dépôt légal : octobre 2014
Imprimé en Chine
par RR Donnelley Asia Printing Solutions (APS)

SOMMAIRE

INTRODUCTION

Un vieux dicton écossais déclare : « Il n'existe pas de mauvais whiskies, il y en a seulement de meilleurs que d'autres. » Les whiskies présentés dans ce livre sont issus des quatre coins de la planète. Aux côtés des terroirs traditionnels que sont l'Écosse, l'Irlande, les États-Unis, le Canada et le Japon s'illustrent aujourd'hui d'autres régions du monde, comme l'Asie du Sud, l'Océanie et l'Europe, productrices de whiskies de qualité.

Le whisky est réputé pour être l'alcool le plus complexe au monde. Bien qu'élaboré à partir d'ingrédients simples et naturels – de l'eau, des céréales et de la levure –, il exige un savoir-faire et une tradition qui l'élèvent au rang d'« alcool noble ». Comme les hommes, les whiskies sont tous différents – dotés d'un caractère propre. Certains se montrent flamboyants, généreux et audacieux, d'autres plus délicats, élégants et discrets. Il y a ceux que vous n'adoptez pas immédiatement mais qui, au fil du temps, comptent parmi vos références. Ma sélection de whiskies s'inspire de celles des plus grands critiques en la matière – Dave Broom, Tom Bruce-Gardyne, Ian Buxton, Peter Mulryan, Hans Offringa et Gavin D. Smith –, et je leur suis profondément reconnaissant d'avoir rédigé les textes de présentation de chaque whisky.

La façon de déguster son whisky – avec ou sans eau ou glace, avec du soda ou de la limonade – est une affaire de goût. En Chine, on l'apprécie avec du thé glacé, au Brésil, avec de l'eau de noix de coco… Mais la « flaveur » d'un whisky ne se limite pas à sa saveur, elle englobe aussi ses arômes. Ainsi, pour vraiment apprécier les nuances et les subtilités d'un whisky, notamment celles d'un whisky de malt, une goutte d'eau se révèle indispensable, afin que se développent et s'épanouissent toutes les notes de son bouquet.

À travers la présentation de ce panorama passionnant se dessinent ces routes qui entraînent le lecteur à la découverte des grandes régions productrices de la planète, depuis l'Écosse jusqu'aux États-Unis en passant par le Japon. Mais rien n'est plus enrichissant pour l'amateur de whisky que la visite d'une distillerie. Une expérience olfactive et gustative inoubliable, à laquelle se mêle la découverte du savoir-faire, du talent et de la patience exigés pour élaborer cet alcool prestigieux.

J'espère que ce guide offrira au néophyte, comme à l'amateur éclairé, matière à s'initier et à enrichir ses connaissances sur l'histoire, la culture, les qualités et les flaveurs des grands whiskies de la planète.

À découvrir et à savourer !

Charles MacLean

8PM

Inde
Propriétaire : Radico Khaitan
www.radicokhaitan.com

Fondée en 1999, la distillerie 8PM a connu un départ exceptionnel, avec 1 million de caisses vendues dès la première année (elle en vend désormais 3 millions par an). Le propriétaire de la marque est Radico Khaitan, basé à la distillerie Rampur, dans l'Uttar Pradesh. Bâtie en 1943, la société est aujourd'hui un immense complexe pouvant produire jusqu'à 90 millions de litres par an.

La société a d'autres marques, comme Whytehall, et elle s'est récemment associée à Diageo pour produire le Masterstroke (*voir* p. 248).

◄ 8PM CLASSIC

BLEND

Élaboré avec un mélange de céréales de qualité, le cœur de ce blend suggère le *thaath* (« l'opulence ») et nous promet « l'entrée au pays des rêves ».

8PM ROYALE

BLEND

Un mélange d'alcools indiens et de whiskies de malt écossais vieillis.

100 PIPERS

Écosse
Propriétaire : Chivas Brothers

Créée en 1965 par Seagram et nommée d'après un chant écossais, la marque 100 Pipers était à l'origine un concurrent sur le marché du whisky écossais, où elle remporta un succès immédiat. Le mélange contient du Allt-a-Bhainne et du Braeval, et probablement du Glenlivet et du Longmorn. Développée efficacement par Seagram, la marque continue à croître avec les propriétaires actuels, Chivas Brothers, appartenant eux-mêmes à Pernod Ricard. C'est l'un des whiskies les plus vendus en Thaïlande, un marché dynamique pour le scotch, le whisky écossais ; il commence à se développer dans de nombreux pays, dont l'Espagne, le Venezuela, l'Australie et l'Inde.

100 PIPERS ▶
BLEND 40 % VOL.
Couleur claire. Whisky léger, adapté aux cocktails, à la texture lisse et au goût discrètement fumé.

ABERFELDY

Écosse
Aberfeldy, Perthshire
www.dewarswow.com

La distillerie fut bâtie par John Dewar & Sons en 1898 dans le but d'approvisionner l'entreprise en malt pour la préparation de blends, mais elle produit aussi désormais du single malt. Aberfeldy entretient une relation de longue date avec Dewar's White Label. En 2000, elle a ainsi ouvert le Dewar's World of Whisky, un centre destiné aux visiteurs, qui peuvent y découvrir l'art de préparer les blends, ainsi que le rôle de Tommy Dewar (1864-1930) dans le développement de l'entreprise.

◄ ABERFELDY 12 ANS
SINGLE MALT : HIGHLANDS
40 % VOL.
Le nez est net, aux arômes de pomme. En bouche, le corps est moyen, au caractère fruité.

ABERFELDY 21 ANS
SINGLE MALT : HIGHLANDS
40 % VOL.
Mis en vente en 2005, le 21 ans a plus de profondeur que le 12 ans, avec un nez doux, au parfum de bruyère et une note légèrement épicée sur la finale.

ABERLOUR

Écosse
Aberlour, Banffshire
www.aberlour.com

La marque Aberlour, très répandue en France, est l'un des dix malts les plus vendus au monde. Faisant partie du groupe Campbell Distillers, elle appartient à Pernod Ricard depuis 1975. Le malt produit par Aberlour est souvent utilisé dans les blends, notamment le Clan Campbell, mais la moitié de la production est mise en bouteille comme single malt sous différents âges et finitions.

ABERLOUR 12 ANS VIEILLI EN FÛTS DE SHERRY ▶
SINGLE MALT : SPEYSIDE
40 % VOL.
Couleur profonde et rougeâtre donnée par le bois de sherry blanc. L'impression en bouche est celle de la noix ou d'un gâteau de fête, la texture est crémeuse.

ABERLOUR A'BUNADH
SINGLE MALT : SPEYSIDE
60 % VOL.
A'bunadh (prononcez « a-boun-ahh »), « l'origine » en gaélique, est un malt brut de fût, non filtré et vieilli dans des fûts d'oloroso. Caractère puissant, notes de cake aux fruits et d'épices.

ALBERTA

Canada
1521 34th Avenue Southeast,
Calgary, Alberta
Propriétaire : Jim Beam

La distillerie Alberta fut fondée en 1946 dans les plaines de l'Ouest canadien, abreuvées par les cascades dévalant des Rocheuses. Le seigle est prédominant dans les spiritueux d'Alberta. Le vieillissement se fait d'abord dans des fûts de bourbon ou de chêne blanc neufs. D'autres marques sont produites par cette distillerie, dont Tangle Ridge (*voir* p. 339) et Windsor Canadian (*voir* p. 374).

◄ ALBERTA SPRINGS 10 ANS
CANADIAN RYE 40 % VOL.
Un arôme doux, avec du pain de seigle et du poivre. Le goût est très doux, voire mielleux, évoluant vers des notes carbonisées et caramélisées.

ALBERTA PREMIUM
CANADIAN RYE 40 % VOL.
L'arôme présente du toffee à la vanille, un soupçon d'épices, de légères notes acidulées, et une saveur fruitée. Le goût est généralement doux, avec des pommes en compote, des prunes et de la pâte d'amande.

AMERICAN SPIRIT

États-Unis

Wild Turkey Distillery,
US Highway 62 East,
Lawrenceburg, Kentucky
www.wildturkeybourbon.com

L'American Spirit est produit à la distillerie Wild Turkey (*voir* p. 368) par Austin Nichols & Co. Il fut commercialisé en septembre 2007. D'après Eddie Russell, qui développa ce whiskey avec son père, le maître distillateur Jimmy Russell, le nom « American Spirit » parle de lui-même.

AMERICAN SPIRIT 15 ANS ▶

BOURBON 50 % VOL.

Très aromatique et grand caractère sur le nez, onctueux et soyeux en bouche, avec de la vanille, des éclats de caramel, de la mélasse, des fruits en compote, des épices et un peu de menthe. La finale est durable et épicée, avec une douce saveur de chêne et une note finale mentholée.

AMRUT

Inde

Amrut Distilleries, 36 Sampangi Tank Road, Bangalore, Karnataka
www.amrutdistilleries.com

Dans la mythologie hindoue, le *amrut* était un pot en or contenant l'élixir de vie. Cette entreprise familiale est attachée à la qualité, l'innovation et la transparence. Le whisky est élaboré avec de l'orge cultivée dans la province du Penjab, maltée à Jaipur et distillée en petites fournées à Bangalore. L'alcool est vieilli dans des fûts de bourbon usagés et dans des fûts de chêne neufs. Il est non filtré à froid lors de l'embouteillage.

◄ AMRUT INDIAN SINGLE MALT CASK STRENGTH
SINGLE MALT 61,9 % VOL.
Légèrement fruité, évoquant les céréales. Les fûts de bourbon apportent du toffee. Avec de l'eau, il se révèle plus boisé, épicé et malté.

AMRUT PEATED INDIAN SINGLE MALT
SINGLE MALT 62,78 % VOL.
Nez marqué par les céréales et la fumée de hareng ; gras, avec du sel et du poivre. Le goût est doux et malté, avec une bouffée de fumée sur la finale.

ANCIENT AGE

États-Unis
Buffalo Trace Distillery,
1001 Wilkinson Boulevard,
Frankfort, Kentucky
www.buffalotrace.com

De 1969 à 1999, Ancient Age fut le nom de l'actuelle distillerie Buffalo Trace (*voir* p. 66). La marque fut proposée dans les années 1930, peu après la fin de la prohibition – le whiskey était alors distillé au Canada. Après la Seconde Guerre mondiale, la recette fut reformulée, le whiskey se mua en un bourbon typique du Kentucky, et la marque devint la plus célèbre de la maison.

ANCIENT AGE 10 ANS ►
BOURBON 40 % VOL.
Ce bourbon 10 ans d'âge est complexe et parfumé sur le nez, avec des épices, du fudge, des oranges et du miel. De corps moyen et, après une attaque légèrement sèche, le palais gras s'adoucit avec le développement de la vanille, du cacao et d'une note légèrement carbonisée.

ANCNOC

Écosse
Knockdhu Distillery,
Knock, Huntly, Aberdeenshire
www.ancnoc.com

Nommé d'après la « colline noire » dont les sources fournissent l'eau au site, anCnoc est le produit phare de la distillerie Knockdhu.

Première distillerie construite par Distillers Company Limited (DCL), Knockdhu a gardé tout son caractère sous la direction d'Inver House, son nouveau propriétaire. Les condenseurs traditionnels à serpentin sont toujours utilisés, ils confèrent un caractère sulfureux et épais au distillat.

◀ ANCNOC 1991
SINGLE MALT : SPEYSIDE
46 % VOL.
Nez de vanille, caramel et bois. Corps plein, avec des soupçons maltés.

ANCNOC 12 ANS
SINGLE MALT : SPEYSIDE
40 % VOL.
Un pur malt de la Speyside au corps relativement plein, avec des notes d'écorce de citron et de miel de bruyère au niveau du nez, une bouche savoureuse et une finale longue.

ANGUS DUNDEE

Écosse
www.angusdundee.co.uk

Fort de plus de 50 ans d'expérience dans la production, le mélange, l'embouteillage et la distribution de scotch et d'autres alcools de qualité, Angus Dundee est l'une des dernières sociétés familiales indépendantes de l'industrie du whisky écossais. Elle possède deux distilleries de malt, Tomintoul et Glencadam, mais elle est surtout connue pour ses activités de mélangeur et de négociant. La distillerie produit également le Parkers et le Scottish Royal.

THE DUNDEE ►
BLEND 40 % VOL.
Nez moyen, malté, avec des soupçons d'écorce d'orange. Traces de fumée et douceur discrète. Lisse sur le palais.

OLD DUNDEE 12 ANS
BLEND 43 % VOL.
Plus riche que son équivalent plus jeune, avec une longue finale. Des notes d'orange se développent en écorce confite. Doux en bouche, élégant sur le palais. Arôme de tarte à la mélasse, mais non mielleux.

THE ANTIQUARY

Écosse

Propriétaire : Tomatin Distillery
www.antiquary.co.uk

Créé en 1857 et nommé d'après une nouvelle de Sir Walter Scott, The Antiquary connut un véritable âge d'or. Satisfaisant les critères du blend de luxe, il possède un fort taux de malt. Il est mélangé à partir des malts les plus raffinés produits par les distilleries de la Speyside, des Highlands et de Tomatin. Depuis peu, les whiskies d'Islay semblent être plus présents dans le mélange.

◄ THE ANTIQUARY 12 ANS
BLEND 40 % VOL.
Saveur fruitée révélant un soupçon de pomme. Douceur exceptionnelle, arôme profond et long arrière-goût. La production récente peut varier légèrement. Certains ont rapporté une nouvelle influence de la tourbe.

THE ANTIQUARY 21 ANS
BLEND 43 % VOL.
La saveur subtilement maltée avec des notes adoucies de tourbe permet aux notes de bruyère, de pissenlit et de cassis de s'exprimer. Un trait de malt d'Islay crée une gorgée savoureuse, équilibrée, riche et lisse.

ARDBEG

Écosse
Port Ellen, Islay
www.ardbeg.com

Si Islay est la terre d'origine des whiskies écossais fumés à la tourbe, aux arômes relevés, alors Ardbeg est sans conteste la distillerie majeure de l'île. Le site fut ouvert en 1815 à Kildalton, sur la côte sud d'Islay, non loin des distilleries Lagavulin et Laphroaig. Cependant, la dépendance vis-à-vis du marché des blends mettait Ardbeg dans une position vulnérable et, au début des années 1980, période de surproduction dans le domaine du whisky, la distillerie dut fermer provisoirement. ☛

ARDBEG 10 ANS ►
SINGLE MALT : ISLAY 46 % VOL.
Ce malt non filtré à froid offre des notes de créosote, de goudron et de poisson fumé au niveau du nez. Sur la langue, la douceur évolue vers une finale fumée.

ARDBEG AIRIGH NAM BEIST
SINGLE MALT : ISLAY 46 % VOL.
Un pur malt riche, épicé de notes de vanille, vieilli 16 ans en fûts de bourbon. Son nom, prononcez « *arry-nambayst* », signifie « refuge de la bête ».

ARDBEG

En 1997, la distillerie fut sauvée par Glenmorangie, qui la racheta 7 millions de livres et investit 1,4 million dans sa modernisation. Les années de non-production causèrent des problèmes dans l'économie de la société mais, au fur et à mesure que les lacunes du stock furent comblées, la distillerie put finalement mettre en bouteille un whisky 10 ans d'âge. Depuis, des produits différents se sont succédé, contribuant à l'évolution du statut de la marque, aujourd'hui grande référence pour les amateurs de whiskies maltés fumés d'Islay.

◄ ARDBEG BLASDA

SINGLE MALT : ISLAY 40 % VOL.

En gaélique, *blasda* signifie « doux et délicieux ». Ce whisky, plus doux que la gamme de la maison, est élaboré avec de l'orge tourbée à 8 ppm (partie par million) – le tiers de la concentration phénolique habituelle des whiskies Ardbeg.

ARDBEG UIGEADAIL

SINGLE MALT : ISLAY 54,2 % VOL.

Nommé d'après le loch Uigeadail – d'où provient l'eau –, ce whisky doré présente un nez doux rappelant la mélasse, avec des notes savoureuses et fumées se poursuivant sur la langue.

ARDMORE

Écosse
Kennethmont, Aberdeenshire
www.ardmorewhisky.com

La distillerie Ardmore doit son existence au Teacher's Highland Cream (*voir* p. 341), un mélange populaire en Écosse, notamment à Glasgow, où il était vendu dans les boutiques Teacher's Dram Shops. Pour satisfaire la demande, Adam Teacher décida en 1898 de bâtir une nouvelle distillerie. Il l'installa non loin de Kennethmont, près de la ligne de chemin de fer Aberdeen-Inverness. Réputée pour produire le malt le plus fumé de la Speyside, la distillerie Ardmore mit sur le marché en 1999 un 12 ans d'âge pour célébrer son centenaire. En 2005, le site fut racheté par Fortune Brands.

ARDMORE TRADITIONAL CASK ▶
SINGLE MALT : SPEYSIDE
46 % VOL.
Malt lisse, au corps relativement plein. Les arômes doux de chêne américain, issus du fût, sont équilibrés par le caractère sec et terreux de la tourbe.

ARMORIK

France
Distillerie Warenghem,
Route de Guingamp,
22300 Lannion, Bretagne
www.distillerie-warenghem.com

La distillerie Warenghem fut créée en 1900 pour produire du cidre de pomme et de l'alcool de fruits. En 1999, les propriétaires décidèrent d'élargir leur champ de production à d'autres types de boissons alcoolisées, comme la bière de malt et le whisky. Aujourd'hui, deux whiskies différents sont produits : un single malt, Armorik, et un blend, WB (Whisky Breton). Le type de fûts utilisé pour le vieillissement n'est pas précisé.

◄ ARMORIK
WHISKY BRETON
SINGLE MALT 40 % VOL.
Jeune, l'Armorik est frais et très épicé, avec une note salée et une influence sèche évoquant le chêne sur la finale.

ARRAN

Écosse
Lochranza, île d'Arran
www.arranwhisky.com

L'ouverture de la distillerie en 1993 marqua le retour de la production de whisky sur l'île d'Arran, après 156 ans d'interruption. L'eau vient du Loch na Davie, sur la côte nord d'Arran. L'île se trouve sur le passage du Gulf Stream et les conditions climatiques qui en découlent sont réputées pour être bénéfiques au vieillissement des whiskies. Arran produit une série de blends dont le nom rend hommage à Robert Burns, né non loin de là sur le continent (*voir* p. 301).

ARRAN 10 ANS ►
SINGLE MALT : ISLANDS
46 % VOL.
Non filtré à froid, ce whisky présente des arômes de pain frais et de vanille, avec des notes d'agrumes se poursuivant sur la langue.

ARRAN 12 ANS
SINGLE MALT : ISLANDS
46 % VOL.
Ce cru a la douceur de l'orange et du chocolat, et une texture crémeuse et riche donnée par le bois de sherry.

AUCHENTOSHAN

Écosse

Dalmuir, Clydebank, Glasgow
www.auchentoshan.co.uk

Tandis que Glenkinchie est située au sud d'Édimbourg, l'autre grande distillerie des Lowlands se trouve à l'ouest de Glasgow, de l'autre côté de la rivière Clyde.

La distillerie Auchentoshan, autorisée à vendre de l'alcool depuis 1823, a produit modestement 225000 litres avec ses deux alambics jusqu'à l'acquisition d'un troisième appareil. La pratique de la triple distillation du malt est unique en Écosse. Ce procédé relevant d'une

◄ AUCHENTOSHAN CLASSIC
SINGLE MALT : LOWLANDS
40 % VOL.
Sans âge, jeune, c'est une bonne introduction à la gamme Auchentoshan. Douceur de vanille et d'agrumes.

AUCHENTOSHAN 12 ANS
SINGLE MALT : LOWLANDS
40 % VOL.
Ce cru remplace le 10 ans d'âge, il présente un caractère dense et épicé, grâce au vieillissement en fûts de sherry.

tradition irlandaise, la distillerie remporta un large succès auprès de la communauté irlandaise de Glasgow.

La zone de Clydebank fut la cible des bombardements de la Luftwaffe en 1941. Depuis, Auchentoshan puise l'eau de refroidissement dans un étang créé par un cratère d'explosion géant.

En 1984, Auchentoshan fusionna avec la distillerie Bowmore à Islay, devenant ainsi Morrison Bowmore, qui fut ensuite rachetée par le groupe japonais Suntory. Au cours de la dernière décennie, la gamme de single malts s'est largement développée.

AUCHENTOSHAN THREE WOOD ►
SINGLE MALT : LOWLANDS
43 % VOL.
Vieilli dans trois types de fûts, dont le sherry, qui a une grande influence sur la couleur et les arômes de fruits confits.

AUCHENTOSHAN 18 ANS
SINGLE MALT : LOWLANDS
43 % VOL.
Pur malt classique, épicé, aux accents de noix, d'âge plein, très complexe sur le palais, et au nez fruité avec des notes de sherry.

AUCHROISK

Écosse
Mulben, Banffshire
www.malts.com

Cette distillerie est sur la route reliant Craigellachie à Keith. Le site fut acheté en 1970 par IDV (International Distillers and Vintners) pour 5 millions de livres, et la distillerie Auchroisk (« le gué du ruisseau rouge ») fut mise en activité quatre ans plus tard. Le rôle principal de la distillerie consistait à fournir du malt pour les mélanges de J&B, mais, après une décennie, elle commercialisa son premier cru, le Singleton. Ce nom fut vite remplacé par la gamme 10 ans Flora & Fauna, et par une série de bouteilles Rare Malt, en plus petite quantité.

◄ AUCHROISK FLORA & FAUNA 10 ANS
SINGLE MALT : SPEYSIDE
43 % VOL.
Un whisky de la Speyside aromatisé, avec une touche de fumée et des notes d'agrumes, associées à des arômes maltés s'asséchant sur la finale.

AULTMORE

Écosse
Keith, Banffshire

Alexander Edward avait participé à la gestion de Benrinnes avec son père, avant de créer la distillerie Craigellachie avec Peter Mackie, le baron du whisky et fondateur du blend White Horse. En 1895, Edward construisit une troisième distillerie sur les terres agricoles situées entre Keith et la côte. Après son acquisition par John Dewar & Sons et DCL, la distillerie fut l'une des cinq vendues à Bacardi en 1998.

AULTMORE FLORA & FAUNA 12 ANS ►

SINGLE MALT : SPEYSIDE
40 % VOL.

Le principal whisky de la distillerie est à déguster en apéritif. Malt frais, aux accents d'herbe. Nez doux et parfumé, arôme malté séchant sur la finale.

AULTMORE SINGLE MALTS OF SCOTLAND 15 ANS

SINGLE MALT : SPEYSIDE
46 % VOL.

Ce whisky plus âgé présente un arôme floral, épicé et de noix, associé à des notes de chocolat. Le corps est moyen à plein, la texture est assez savoureuse.

BAGPIPER

Inde

Propriétaire : United Spirits
www.unitedspirits.in

Il se vend 14 millions de caisses par an de ce « non-scotch whisky numéro un au monde ». Il s'agit d'un IMFL, probablement élaboré à partir d'alcool et de concentré de mélasse. Il fut commercialisé en 1987 par une filiale de United Spirits, Herbertson's. La première année, 100 000 caisses furent vendues. La marque est depuis toujours étroitement associée à l'industrie cinématographique indienne, Bollywood, beaucoup de stars lui accordant leur crédit. La société diffuse un programme télévisé hebdomadaire intitulé *Bagpiper* et finance des programmes de recherches de nouveaux talents.

◄ **BAGPIPER GOLD**
BLEND 42,8 % VOL.
Gold est la version première qualité du Bagpiper, mais il présente toujours un goût légèrement artificiel.

BAILIE NICOL JARVIE

Écosse
Propriétaire : Glenmorangie

Produit par Glenmorangie, le Bailie Nicol Jarvie, ou BNJ tel qu'on le nomme en Écosse, a la réputation de comporter une bonne proportion de single malts Glenmorangie et Glen Moray. En réalité, sa teneur en malt est parmi les plus élevées de tous les blends. Il est d'excellente valeur, et il est l'objet d'une sorte de culte, probablement parce que ses amateurs savourent l'idée de faire partie des connaisseurs ; car la promotion de ce whisky est peu développée. L'étiquette présente une jolie allure d'époque.

BAILIE NICOL JARVIE ►
BLEND 40 % VOL.
Lisse, subtil, riche en caractère. Bon équilibre entre les whiskies de malt de la Speyside, doux, les malts des Highlands, aromatiques, et ceux d'Islay, tourbés, mélangés à des whiskies de grain raffinés.

BAKER'S

États-Unis
Jim Beam Distillery,
149 Happy Hollow Road,
Clermont, Kentucky
www.jimbeam.com

Le Baker's est l'un des trois whiskeys de la collection Beam's Small Batch Bourbon vendue en 1992. Il doit son nom à Baker Beam, ancien maître distillateur de Clermont et petit-neveu du légendaire Jim Beam. Il est aussi le cousin de Booker Noe, célèbre distillateur à l'origine de la production de bourbon small batch (assemblage limité de whiskeys issus de fûts différents). Le whiskey Baker Beam's est distillé selon la formule standard de Jim Beam, mais sa durée de vieillissement est plus longue et sa teneur en alcool plus élevée.

◄ BAKER'S 7 ANS
BOURBON 53,5 % VOL.
Le Baker's est une version fruitée et grillée de la recette Jim Beam : de corps moyen, moelleux et très parfumé, avec des notes de vanille et de caramel.

BAKERY HILL

Australie
28 Ventnor Street,
North Balwyn, Victoria
www.bakeryhilldistillery.com.au

David Baker, chimiste et fondateur de Bakery Hill Distillery, a réussi à prouver que l'on pouvait produire des whiskies de malt de qualité supérieure en Australie en gagnant de nombreux prix avec ses malts single cask non filtrés à froid. Les orges Australian Franklin et Australian Schooner sont cultivées localement et parfois maltées sur des blocs de tourbe, aussi d'origine locale.

BAKERY HILL CASK STRENGTH PEATED MALT ▶
SINGLE MALT 59,88 % VOL.
Arôme tourbé intense sur le nez, avec des cerises noires. Doux en bouche, toffee et rayon de miel, avec une pointe de sel et de fumée. Bonne texture.

BAKERY HILL PEATED MALT
SINGLE MALT 46 % VOL.
Un équilibre entre la tourbe et le malt, doux et marqué par le chêne, sur le nez. Ces arômes se poursuivent en bouche.

BALBLAIR

Écosse
Edderton, Tain, Ross-shire
www.balblair.com

Fondée en 1790 par John Ross, Balblair est l'une des rares distilleries du XVIIIe siècle à avoir survécu jusqu'à nos jours. Elle resta aux mains de la famille durant plus d'un siècle. Depuis 1996, la distillerie est la propriété de Inver House Distillers, qui a produit une gamme basique, Elements, suivie d'une gamme de malts millésimés embouteillés dans des flacons renflés.

◄ BALBLAIR 75
SINGLE MALT : HIGHLANDS
46 % VOL.
Ce cru millésimé vieilli dans des fûts de sherry a le caractère typique du rhum-raisins secs, avec du caramel dur et des arômes fruités sous-jacents qui s'atténuent en une longue finale.

BALBLAIR 89
SINGLE MALT : HIGHLANDS
43 % VOL.
Principalement vieilli dans des fûts de bourbon, ce whisky a un nez plus doux que le 75, avec des notes de pommes caramélisées, de fruits exotiques et de crème glacée à la vanille.

BALLANTINE'S

Écosse
www.ballantines.com

La société fut pionnière dans le développement de blends âgés. La gamme de Ballantine's est la plus étendue au monde, elle comprend le Ballantine's Finest (version standard), ainsi que les Ballantine's 12 ans, 17 ans, 21 ans et 30 ans. Il s'agit du deuxième whisky écossais en termes de volume, et de la première marque haut de gamme vendue en Asie.

Le blend est caractérisé par sa complexité. Il comprend plus de 40 whiskies de grain et de malt. Deux single malts ☛

BALLANTINE'S FINEST ►
BLEND 40 % VOL.
Un blend doux, à la texture lisse, les malts de la Speyside conférant des notes de chocolat, de vanille et de pomme.

BALLANTINE'S 12 ANS
BLEND 40 % VOL.
De couleur dorée, au nez mielleux et aux notes de vanille issues du chêne. Texture crémeuse, palais équilibré, notes florales, de miel et de vanille. On peut y trouver un soupçon de sel marin.

BALLANTINE'S

de la Speyside, Glenburgie et Miltonduff, forment la base du blend, à laquelle sont ajoutés des malts de toute l'Écosse. Pour le vieillissement, Ballantine's sélectionne principalement les fûts de bourbon usagés pour les influences de vanille et les notes crémeuses qu'ils apportent au spiritueux.

La distillerie Glenburgie a subi une restructuration et une modernisation ; elle représente aujourd'hui le lieu d'origine de Ballantine's.

◄ BALLANTINE'S 21 ANS

BLEND 43 % VOL.

Les crus les plus âgés de Ballantine's, très prisés, sont de couleur profonde, avec des traces de bruyère, de fumée, de réglisse et d'épices au niveau du nez. Le palais est complexe et équilibré, avec des notes florales, de miel et de sherry.

BALLANTINE'S 17 ANS

BLEND 43 % VOL.

Élégant, profond, équilibré, avec des notes de bois et de vanille. Le corps est plein et crémeux, avec des accents de chêne et de fumée de tourbe sur le palais.

BALMENACH

Écosse
Cromdale, Grantown-on-Spey,
Morayshire
www.inverhouse.com

En 1824, James McGregor, à l'instar de nombreux distillateurs hors-la-loi, décida de sortir de l'ombre et de prendre une licence pour la distillerie qu'il gérait dans sa ferme, près de Grantown-on-Spey. L'entreprise fut la propriété de la famille pendant un siècle, jusqu'à son rachat par DCL. Mis à part durant la Seconde Guerre mondiale, la production de la distillerie fut constante jusqu'en 1993. Le whisky était alors utilisé dans la préparation de la gamme Flora & Fauna. En 1997, Balmenach fut vendue à Inver House, qui remit en marche les alambics en 1998.

BALMENACH GORDON & MACPHAIL 1990 ►
SINGLE MALT : SPEYSIDE
43 % VOL.
Nez aux notes d'agrumes, d'herbe et de malt, légère fumée sur le palais. S'ouvre pleinement avec l'ajout d'un peu d'eau.

BALVENIE

Écosse

Dufftown, Keith, Banffshire
www.thebalvenie.com

Six ans après avoir créé Glenfiddich en 1886, William Grant construisit à côté des ruines du château de Balvenie une seconde distillerie, qu'il aménagea avec des alambics d'occasion. Cette volonté d'extension s'explique en partie par la demande des mélangeurs d'Aberdeen qui cherchaient 1 800 litres de whisky de type Glenlivet par semaine.

◄ THE BALVENIE DOUBLEWOOD 12 ANS

SINGLE MALT : SPEYSIDE
40 % VOL.

Après dix ans dans des fûts de chêne américain, le Doublewood passe deux ans dans des fûts de sherry usagés, ce qui offre un caractère lisse, aux accents légers de noix.

THE BALVENIE SIGNATURE 12 ANS

SINGLE MALT : SPEYSIDE
40 % VOL.

Un mélange de trois fûts : sherry, bourbon neuf et bourbon usagé, offrant des arômes de fruits confits et de vanille, et présentant une texture sirupeuse.

Éclipsée par Glenfiddich, Balvenie ne s'en distingue pas moins : elle produit 6,4 millions de litres par an et propose une gamme de single malts impressionnante. En tant que distillerie artisanale, elle cultive son orge, ce qui la différencie de Glenfiddich. Elle a également conservé ses aires de maltage, et emploie une équipe de tonneliers et de chaudronniers sur cuivre. En effet, le soin porté par la distillerie à la maturation et aux finitions bois rivalise même avec celui de Glenmorangie.

THE BALVENIE SINGLE BARREL 15 ANS ▶

SINGLE MALT : SPEYSIDE
47,8 % VOL.

Ce 15 ans d'âge est mis en bouteille fût par fût, chaque pression est ainsi différente de la précédente. Le caractère est boisé, aux arômes de noix.

THE BALVENIE VINTAGE CASK 1976

SINGLE MALT : SPEYSIDE
53,8 % VOL.

Arômes de feuilles d'automne, de bois et d'humidité. Les tanins sont très présents sur le palais, équilibré par la saveur fruitée. S'adoucit sur la finale.

BARTON

États-Unis
Tom Moore Distillery, 1 Barton Road, Bardstown, Kentucky

Barton Brands Ltd, filiale du groupe international Constellation Brands, est située à Bardstown, dans le comté de Nelson. La distillerie est implantée au cœur du pays du bourbon, qui abritait jadis plus de 20 distilleries. Les whiskeys de Barton sont jeunes, secs et aromatiques.

La société possède également le Kentucky Gentleman (*voir* p. 211), le Kentucky Tavern, le Ridgemont (*voir* p. 299), le Ten High et le Tom Moore.

◄ VERY OLD BARTON
BOURBON 43 % VOL.
Un vieillissement de six années est exceptionnel pour un whiskey Barton, d'où son nom « Very Old ». Le nez est riche, sirupeux et épicé, légèrement salé. Le corps est plein en bouche, fruité et épicé, avec des épices et du gingembre sur la finale progressivement sèche.

BASIL HAYDEN'S

États-Unis
Jim Beam Distillery,
149 Happy Hollow Road,
Clermont, Kentucky
www.jimbeam.com

Le Basil Hayden's fut l'un des trois whiskeys innovés par Beam dans la série Small Batch Bourbon Collection, créée en 1992. Basil Hayden était un colon du Kentucky, originaire du Maryland et qui se lança dans la fabrication du whiskey à la fin du XVIIIe siècle, tout près de Bardstown. On dit que la recette de ce whiskey date de cette époque.

BASIL HAYDEN'S 8 ANS ▶
BOURBON 40 % VOL.
Le nez est léger, aromatique et épicé, avec des arômes de seigle doux, de cire à bois, d'épices, de poivre, de vanille et un soupçon de miel sur le palais, comparativement plus sec. La finale est longue, avec des notes de seigle poivré.

THE BELGIAN OWL

Belgique
The Owl Distillery,
Rue Sainte-Anne 94,
B4460 Grâce-Hollogne
www.belgianwhisky.com

Le distillateur Étienne Bouillon fonda cette distillerie en 2004 dans la région francophone de la Belgique. Il cultive son orge et utilise des fûts de bourbon pour élaborer un whisky de 3 ans d'âge. La première production fut embouteillée à l'automne 2007.

La Belgian Owl Distillery était auparavant connue sous les noms de Lambicool et PUR.E.

◄ BELGIAN SINGLE MALT
SINGLE MALT 46 % VOL.
Ce malt non filtré à froid présente de la vanille, de la noix de coco, de la banane et de la crème glacée, le tout agrémenté de figue ; puis un crescendo d'autres arômes se développe, on relève du citron, des pommes et du gingembre. Une longue finale, avec des fruits mûrs et de la vanille.

BELL'S

Écosse
www.bellswhisky.co.za

« Le mélange de plusieurs bons whiskies ravit le palais d'un plus grand nombre de gens qu'un seul whisky non mélangé », écrivait Arthur Bell. Pour garder cet esprit, l'actuel propriétaire de Bell's, Diageo, met l'accent sur les compétences des mélangeurs. Bell's acheta Blair Athol (source du single malt au cœur de son blend) et Dufftown en 1933, puis Inchgower en 1936. Le blend lui-même est en constante évolution ; et la société précise que, lors des tests à l'aveugle, on préfère la version récente.

BELL'S ORIGINAL ▶
BLEND 40 % VOL.
Outre le Blair Athol, le Dufftown et le Inchgower sont les composants essentiels de ce blend, ainsi que le Glenkinchie et le Caol Ila. Corps moyen, arômes de noix, et saveur légèrement épicée.

BELL'S SPECIAL RESERVE
BLEND 40 % VOL.
Le Special Reserve a des accents fumés rappelant les malts d'Islay, tempérés par des notes réchauffantes de poivre et une riche complexité mielleuse.

BEN NEVIS

Écosse
Lochy Bridge, Fort William
www.bennevisdistillery.com

La distillerie la plus septentrionale de la côte ouest écossaise fut fondée en 1825 par « Long John » Macdonald, qui donna son nom au blend, très populaire à l'époque (*voir* p. 238). Située près du Loch Linnhe, non loin de Fort William, la distillerie avait même ses propres bateaux à vapeur pour acheminer le whisky au sud du loch.

Malgré des lacunes dans le stock dues à des fermetures temporaires dans les années 1970 et 1980, de vieux single malts ont été commercialisés ainsi que des blends de la gamme Dew of Ben Nevis. Depuis le milieu des années 1990, le single malt phare de la maison est le 10 ans d'âge. Divers crus ont été mis en bouteille par des entreprises indépendantes.

◄ BEN NEVIS 10 ANS
SINGLE MALT : HIGHLANDS
46 % VOL.
Malt de l'ouest des Highlands rond, avec une douce attaque de chêne et une texture grasse s'asséchant sur la finale.

BENRIACH

Écosse
Longmorn, Elgin, Morayshire
www.benriachdistillery.co.uk

Parmi les distilleries de Speyside construites au plus fort de la vague spéculative qui mit fin à la période faste de fabrication du whisky au XIXe siècle, peu se sont effondrées avec autant de fracas que BenRiach. Ouverte en 1897, elle dut fermer ses portes dès 1903. En 1965, après rénovation, les deux alambics furent remis en marche. Son propriétaire suivant, Seagram, n'avait pas de distillerie sur l'île d'Islay et décida donc en 1983 de produire ☛

BENRIACH 12 ANS ▶
SINGLE MALT : SPEYSIDE
40 % VOL.
De caractère plus classique que le 10 ans d'âge, nez de bruyère, arôme de crème glacée à la vanille, et un soupçon de miel.

BENRIACH CURIOSITAS 10 ANS
SINGLE MALT : SPEYSIDE
40 % VOL.
Un whisky aigre-doux, à l'arôme tourbé dense. Sous la fumée, on distingue des arômes de biscuits secs, de céréales et quelques notes d'agrumes.

BENRIACH

un malt puissamment tourbé à BenRiach. Il restait encore des stocks de ce BenRiach tourbé quand un consortium dirigé par le Sud-Africain Billy Walker racheta la distillerie en 2004 à Chivas Brothers. Cela conduisit à la création de Curiositas et Authenticus, seuls single malts de la Speyside distillés à partir d'orge maltée séchée à la tourbe.

Avec 5000 fûts variés datant des années 1970 et de nombreuses possibilités pour tourber l'orge, Billy Walker étendit exceptionnellement la gamme des malts BenRiach, bien qu'il y ait du travail avant de concurrencer Bruichladdich, qui commercialise plus de 200 crus.

◂ BENRIACH 16 ANS

SINGLE MALT : SPEYSIDE
40 % VOL.

Un malt typique de Speyside, aux arômes de noix et d'épices, avec une texture mielleuse en bouche et un peu de fumée.

BENRIACH 20 ANS

SINGLE MALT : SPEYSIDE
40 % VOL.

Les années en fûts de chêne ont donné à ce cru un arôme sec et boisé, avec des notes d'agrumes et une finale nette.

BENRINNES

Écosse
Aberlour, Banffshire
www.malts.com

La première distillerie Benrinnes fut créée en 1826 à la ferme Whitehouse, au sud de la Speyside, par Peter McKenzie, mais elle fut emportée par une inondation trois ans plus tard. En 1834, une nouvelle distillerie nommée Lyne of Ruthrie fut construite à quelques kilomètres du premier site. Sous le nom de Benrinnes, elle survécut à la faillite et à un incendie survenu en 1896. La distillerie actuelle date de l'après-guerre, elle fut totalement rénovée au milieu des années 1950. Les six alambics produisent une sorte de triple distillation, le wash still étant couplé à deux spirit stills.

BENRINNES FLORA & FAUNA 15 ANS ▶
SINGLE MALT : SPEYSIDE
43 % VOL.
Le seul whisky officiel de la distillerie. Riche, avec des arômes fumés et épicés et une sensation crémeuse en bouche.

BENROMACH

Écosse
Forres, Morayshire
www.benromach.com

Avec ses deux alambics et une production limitée à 500 000 litres par an, Benromach a toujours été une petite distillerie. Fondée en 1898, elle fut rachetée six fois lors de son premier siècle d'existence, notamment par le groupe National Distillers of America, côtoyant les marques de bourbon Old Crow et Old Grand-Dad. Puis Benromach fut rachetée par le géant DCL, qui, devenu UDV, dut fermer la distillerie en 1983, comme ce fut le cas de

◄ BENROMACH TRADITIONAL

SINGLE MALT : SPEYSIDE
40 % VOL.

Caractère net, léger et floral, avec un léger accent phénolique et une trace de caramel.

BENROMACH CASK STRENGTH 1981

SINGLE MALT : SPEYSIDE
54,2 % VOL.

Le nez de ce brut de fût est légèrement fermé au début, il s'ouvre avec l'eau et révèle des arômes de fruits du verger, des notes de cannelle et de trifle.

nombreux sites à cette époque. Les alambics furent démantelés et les entrepôts fermés ; tout laissait croire que la fermeture était définitive.

Heureusement, la crise ne touchait pas seulement l'industrie du whisky, autrement quelque promoteur immobilier se serait emparé du site. En 1993, la société d'embouteilleurs indépendants Gordon & MacPhail, basée à Elgin, racheta la distillerie. On y installa deux nouveaux alambics, et le premier spiritueux fut vendu en 1999, pour la cérémonie d'ouverture officielle du nouveau site, en présence du prince Charles.

BENROMACH ORIGINS ►
SINGLE MALT : SPEYSIDE
50 % VOL.
Origins est une nouvelle gamme. Batch 1 Golden Promise est le nom de la variété d'orge utilisée. Vieilli en fûts de sherry neufs et usagés.

BENROMACH 25 ANS
SINGLE MALT : SPEYSIDE
43 % VOL.
Équivalent bourbon du Vintage vieilli en fûts de sherry. Moelleux, doux en bouche, au caractère fruité et acidulé.

BERNHEIM

États-Unis
Heaven Hill Distillery,
1701 West Breckinridge Street,
Louisville, Kentucky
www.bernheimwheatwhiskey.com

La marque Bernheim doit son nom à la distillerie Bernheim basée à Heaven Hill, dans le Kentucky, et où sont produits les whiskeys Heaven Hill depuis le rachat de l'entreprise en 1999. Commercialisé en 2005, le Bernheim est le seul straight whiskey de blé du marché américain.

Les maîtres distillateurs d'Heaven Hill, Parker Beam et son fils Craig, ont développé une recette comportant 51 % de blé d'hiver au minimum, ainsi que du maïs et de l'orge maltée.

◀ **BERNHEIM ORIGINAL**
WHEAT WHISKEY 45 % VOL.
Ce whiskey présente de légères notes fruitées sur le nez épicé, avec un parfum de bois fraîchement scié, du toffee, de la vanille, des céréales douceâtres, et un soupçon de menthe sur le palais. Une longue finale raffinée, mielleuse et épicée.

BLACK & WHITE

Écosse
Propriétaire : Diageo

Black & White, marque appréciée de la maison Buchanan's, était à l'origine le nom du Buchanan's Special. Dans les années 1890, James Buchanan aurait fourni son whisky à la House of Commons dans des bouteilles très sombres affichant une étiquette blanche. Incapables de retenir le nom, les parlementaires britanniques l'auraient nommé simplement « black and white ». Buchanan's garda ce nom et orna l'étiquette de deux chiens, un scottish-terrier noir et un west-highland-white-terrier. Aujourd'hui, le whisky est vendu par Diageo en France, au Brésil et au Venezuela, où il a toujours autant de succès, les Écossais eux-mêmes ne prêtant plus attention à cette marque.

BLACK & WHITE ►
BLEND 40 % VOL.
Un blend traditionnel, haut de gamme. Soupçons successifs de tourbe, de fumée et de chêne.

BLACK BOTTLE

Écosse
Propriétaire : Burn Stewart Distillers

Burn Stewart Distillers s'est efforcé d'améliorer la qualité du blend, et beaucoup s'accordent à dire que le blend actuel rappelle le produit original crée en 1879. Actuellement, cet excellent 10 ans d'âge n'est plus produit. À déguster avant que les stocks ne s'épuisent !

◀ BLACK BOTTLE
BLEND 40 % VOL.
Le Black Bottle contient des malts issus de sept distilleries d'Islay, complétés par le malt de la société Deanston. Le nez est frais et fruité, avec des soupçons de tourbe, tandis que le palais est plein, avec une douceur légèrement mielleuse, suivie d'un arôme distinctement fumé. La finale est longue et chaude, au caractère typiquement fumé d'Islay.

BLACK BOTTLE 10 ANS
BLEND 40 % VOL.
Comme le blend original, le 10 ans contient du malt de 7 distilleries d'Islay, mais il est plus riche et plus rond.

BLACK DOG

Écosse

Propriétaire : Whyte & Mackay

Walter Millard, commerçant écossais à Calcutta, cherchait à vendre un blend écossais en Inde. En 1883, après quelques recherches, il nomma Charles Mackinlay & Co. (aujourd'hui filiale de Whyte & Mackay) pour élaborer ce blend. Passionné de pêche, il baptisa ce whisky Black Dog, d'après sa mouche à saumon de prédilection.

Le Black Dog fut réintroduit en Inde en 2006. L'année suivante, United Spirits, la plus grande distillerie d'Inde, acheta Whyte & Mackay.

BLACK DOG CENTENARY ▶

BLEND 40 % VOL.

Nez de malt doux, de caramel dur et de crème, avec de légères notes d'herbe. Corps ferme, avec des arômes de malt, de chêne, de chocolat noir et de caramel en bouche.

BLACK VELVET

Canada
2925 9th Avenue North,
Lethbridge, Alberta
www.blackvelvetwhisky.com

Black Velvet est le troisième whisky canadien le plus vendu aux États-Unis. Il fut créé par Gilbey Canada dans les années 1950. Il portait alors le nom de Black Label et était fabriqué à la distillerie Old Palliser à Toronto. Le succès fut tel qu'en 1973, la distillerie Black Velvelt fut ouverte à Lethbridge, à l'ombre des Rocheuses, à quelques heures de route de la frontière américaine. En 1999, Black Velvet et Palliser furent vendues à Barton Brands, filiale de Constellation Brands.

◀ BLACK VELVET RESERVE
BLEND 40 % VOL.
Nez léger et onctueux avec des notes de vanille. Le palais est doux et souple, avec du caramel dur, une note discrète d'agrumes et une légère saveur épicée. Texture veloutée, mais l'arôme manque de profondeur.

BLADNOCH

Écosse

Bladnoch, Wigtown, Wigtonshire
www.bladnoch.co.uk

Distillerie la plus méridionale d'Écosse, Bladnoch eut plusieurs propriétaires au XXe siècle et connut de longues périodes d'inactivité. Enfin, Guinness UDV (actuel Diageo) la céda en 1994 à Raymond Armstrong, originaire d'Irlande du Nord. Il fut conclu que Bladnoch ne produirait plus de whisky, mais en 2000 Diageo revint sur sa décision et autorisa la distillerie à produire 250 000 bouteilles par an. D'anciens crus âgés et le Flora & Fauna peuvent parfois se trouver. Bladnoch vend aussi du whisky directement au fût.

BLADNOCH 15 ANS ▶
SINGLE MALT : LOWLANDS
55 % VOL.
Un whisky léger, frais, idéal en apéritif, avec une trace de pomme.

BLADNOCH 18 ANS
SINGLE MALT : LOWLANDS
55 % VOL.
Ce malt des Lowlands, onctueux, est un brut de fût, non filtré à froid ; les stocks sont assez minces.

BLAIR ATHOL

Écosse
Pitlochry, Perthshire
www.malts.com

En 1798, John Stewart et Robert Robertson prirent une licence pour leur distillerie Aldour, située près de Pitlochry. Dépassée par la concurrence des alambics illégaux, Aldour dut fermer ses portes. Elle fut réinstallée en 1826 par Alexander Connacher, qui la renomma Blair Athol. Trente ans plus tard, le pur malt était vendu au mélangeur Arthur Bell & Sons, basé à Perth, qui acheta finalement la distillerie en 1933 (*voir* p. 41). Excepté le 12 ans d'âge et certains purs malts rares, le whisky produit par Blair Athol entre dans la préparation de blends, dont ceux de Bell's.

◄ BLAIR ATHOL FLORA & FAUNA 12 ANS
SINGLE MALT : HIGHLANDS 43 % VOL.
Onctueux, aux arômes bien ronds, avec des notes d'épices et de fruits confits, et une trace de fumée sur la finale.

BLANTON'S

États-Unis
Buffalo Trace Distillery,
1001 Wilkinson Boulevard,
Frankfort, Kentucky
www.buffalotrace.com

Le colonel Albert Bacon Blanton œuvra 55 ans au sein de l'actuelle distillerie Buffalo Trace. Il commença en 1897 en tant que garçon de bureau puis évolua pour accéder en 1912 au poste de directeur. Lorsqu'il prit sa retraite en 1955, la distillerie fut renommée « Blanton's » en son honneur. Le Single Barrel fut élaboré en 1984 par le maître distillateur Elmer T. Lee, qui travailla aux côtés de Blanton dans les années 1950.

BLANTON'S SINGLE BARREL ▶
BOURBON 46.5 % VOL.
Le nez est doux, avec du toffee, du cuir et un soupçon de menthe. Le corps est plein et rond sur le palais. C'est un bourbon remarquablement doux, dégageant de la vanille, du caramel, du miel et des épices. La finale est longue et crémeuse, avec un soupçon d'épice au tout dernier instant.

BLENDERS PRIDE

Inde

Propriétaire : Pernod Ricard
www.pernod-ricard.com

Depuis son rachat par Pernod Ricard, la marque est au coude à coude avec Royal Challenge (*voir* p. 305) pour la première place des ventes dans sa catégorie. Il s'agit d'un IMFL de première qualité (élaboré à partir de malt écossais et de whisky de grain indien), dont le nom vient d'une histoire concernant les maîtres assembleurs qui exposèrent un fût de whisky à la chaleur du soleil, à intervalles réguliers. La douceur délicate et la saveur aromatique de ce blend témoignent de la réussite de leur expérience.

◄ **BLENDERS PRIDE**
BLEND 42,8 % VOL.
Une sensation en bouche onctueuse et riche, avec un goût agréable qui évolue vers une finale terne décevante.

BOOKER'S

États-Unis

Jim Beam Distillery,
149 Happy Hollow Road,
Clermont, Kentucky
www.jimbeam.com

La marque Booker's est une création de la société internationale Jim Beam et tire son nom du petit-fils de Jim Beam, Booker Noe. La recette est la même que celle du Baker's (*voir* p. 30), et ce whiskey n'est ni filtré ni dilué lors de l'embouteillage, pour préserver les arômes naturels du tonneau.

BOOKER'S KENTUCKY STRAIGHT ▶

BOURBON 60,5-63,5 % VOL.

Large, fruité et épicé sur le nez, le Booker's est doux et dégage une légère saveur de noix sur le palais, avec de la chaleur et des épices lors de la finale marquée par le chêne. Un grand bourbon, traditionnel et raffiné.

BOWMORE

Écosse
Bowmore, Islay
www.bowmore.co.uk

La plus ancienne des distilleries en activité à Islay fut fondée en 1779. La distillerie resta longtemps une petite entreprise, jusqu'à ce que la société W. & J. Mutter, basée à Glasgow, la rachète en 1837. Elle augmenta sa production annuelle à 900 000 litres et stockait les fûts dans son entrepôt non loin de la gare centrale de Glasgow. En 1963, la distillerie fut rachetée par Stanley P. Morrison, une société aussi basée à Glasgow. Elle est depuis la distillerie la plus importante de Morrison Bowmore, filiale du géant japonais Suntory.

◄ BOWMORE 12 ANS
SINGLE MALT : ISLAY 40 % VOL.
Doucement aromatique, avec un nez aux arômes mélangés d'agrumes et de fumée qui se prolonge sur la langue, auxquels vient s'ajouter une touche de chocolat noir.

BOWMORE LEGEND
SINGLE MALT : ISLAY 40 % VOL.
Sec et tonique, avec un arôme d'agrumes se développant en une finale fumée.

Bowmore est située sur les rives du Loch Indaal. La brise salée venue de la mer souffle dans les entrepôts et s'infiltre dans les fûts. La distillerie a deux paires d'alambics, six washbacks en pin de l'Oregon, et dispose de ses propres aires de maltage, couvrant 40 % de ses besoins. Il est difficile de prouver que l'utilisation du malt produit par la distillerie, tourbé à 25 ppm, améliore le goût du whisky, mais la possibilité d'assister au processus complet, depuis l'étape d'humidification de l'orge fraîche jusqu'à celle du séchage dans le four alimenté à la tourbe, rend la visite de la distillerie plutôt attractive.

BOWMORE 15 ANS ▶

SINGLE MALT : ISLAY 43 % VOL.

La couleur acajou est donnée par les deux ans de vieillissement en fûts d'oloroso, qui offrent aussi une douceur rappelant les raisins secs à ce Bowmore caractérisé par une note de fumée.

BOWMORE 17 ANS

SINGLE MALT : ISLAY 43 % VOL.

Nez caractérisé par du caramel et un fond de tourbe. Texture crémeuse, avec une interaction de malt, tourbe et fruits sur le palais. Longue finale vigoureuse.

La route du whisky : Islay

Les amateurs de whiskies tourbés ne peuvent qu'aimer Islay. Sur cette île des Hébrides, le tourisme est en augmentation, surtout en mai, lors du festival annuel Feis Ile. Le plus simple est d'arriver en avion depuis Glasgow, puis de louer un véhicule. Le ferry Caledonian MacBrayne assure la liaison depuis Kennacraig et permet de prendre sa voiture.

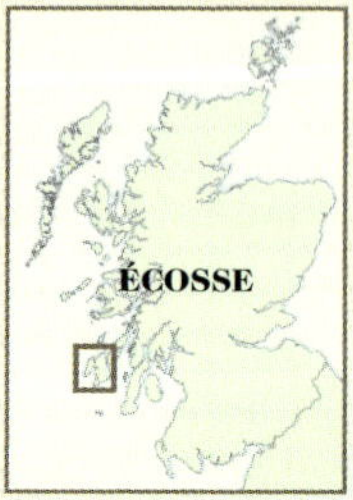

JOUR 1 : CAOL ILA, BUNNAHABHAIN

❶ Arrivé à Port Askaig par le ferry, on pourra loger à la pension de famille Port Askaig. Depuis ce lieu, on se rendra à pied à **Caol Ila**, une grande distillerie de Diageo qui est la plus productive de l'île.

ALAMBICS À CAOL ILA

❷ Voyage en voiture ou randonnée sur le sentier côtier de Port Askaig à **Bunnahabhain**. La distillerie produit le whisky le plus légèrement tourbé de l'île. Il est possible de louer un des cottages du site pour s'imprégner du calme du lieu.

JOUR 2 : KILCHOMAN, BRUICHLADDICH

❸ **Kilchoman** est la plus récente et la plus petite distillerie d'Islay. C'est aussi une ferme qui abrite un café. Comme d'autres distilleries d'Islay, elle vend des embouteillages spéciaux indisponibles dans le commerce. C'est un lieu idéal pour déjeuner.

❹ Il faut rebrousser chemin pour se rendre à **Bruichladdich**, qui produit une gamme de whiskies. La distillerie est proche de Port Charlotte, où l'on peut visiter le Museum of Islay Life, dédié à l'histoire de la distillation clandestine.

BRUICHLADDICH

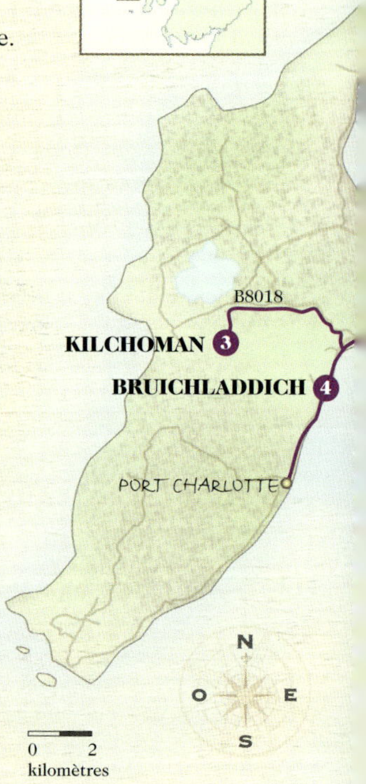

SÉJOUR TOURISTIQUE

JOURS : 4
DISTANCE : 96 km
TRANSPORT : voiture
DISTILLERIES : 8

JOUR 3 : LAPHROAIG, LAGAVULIN, ARDBEG

5 Les distilleries Kildalton, comme on les surnomme, sont réputées pour produire des whiskies très tourbés. Le **Laphroaig** est le préféré du prince Charles. La visite comprend les aires de maltage.

6 De Laphroaig, on se rendra à pied à **Lagavulin** pour comparer ces deux single malts fortement tourbés et francs.

7 Enfin, on visitera **Ardbeg**. Il ne faudra pas manquer l'Old Kiln Café. Les amateurs d'histoire pousseront jusqu'à Kildalton, où l'on peut admirer une très jolie croix du VIIIe siècle.

MAQUETTE À LAGAVULIN

JOUR 4 : BOWMORE

8 Passez votre dernière matinée à **Bowmore** pour visiter les aires de maltage et le centre d'accueil. Le Harbour Inn vous offrira votre dernier repas avant de prendre le ferry à Port Askaig jusqu'au continent.

ENTREPÔT À BOWMORE

BRAUNSTEIN

Danemark

Braunstein, Carlsensvej 5, 4600 Koge
www.braunstein.dk

À la microbrasserie Braunstein, implantée dans un ancien entrepôt sur le port de Koge, l'alcool élaboré à partir d'orge maltée est distillé dans de petits alambics. Il en résulte un alcool net, frais et fruité. Le vieillissement se déroule dans des fûts de sherry oloroso usagés. Chaque année, une nouvelle version de whisky est ajoutée à la gamme de base. La distillerie produit aussi de l'aquavit, des alcools de plantes, du schnaps et une bière nommée BB Amber Lager. Des dégustations sont organisées mensuellement.

◄ **BRAUNSTEIN**
SINGLE MALT (TENEUR EN ALCOOL VARIABLE)
Au premier plan se développent des fruits, des raisins secs et du chocolat. La teneur en alcool varie selon la production.

BRUICHLADDICH

Écosse
Bruichladdich, Islay
www.bruichladdich.com

Cette distillerie, l'une des plus occidentales d'Islay, ouvrit ses portes en 1881 sur les rives du Loch Indaal, face à Bowmore. À la différence des distilleries plus anciennes de l'île, elle fut bâtie avec des murs à vide d'air et son propre générateur de vapeur.

Après plusieurs changements de propriétaires, elle ferma ses portes en 1994. Puis, à Noël 2000, elle fut sauvée par un consortium privé dirigé par l'embouteilleur Murray McDavid. Le distillateur est ☛

BRUICHLADDICH 18 ANS ▶
SINGLE MALT : ISLAY 46 % VOL.
Il existe deux versions de ce cru à production limitée : la première est finie en fûts de vins doux allemands, la seconde dans des fûts de jurançon.

BRUICHLADDICH 21 ANS
SINGLE MALT : ISLAY 46 % VOL.
Vieilli dans des fûts d'oloroso, de couleur très profonde, ce malt est âcre, sulfureux, et apprécié des amateurs de whisky au goût prononcé de sherry.

BRUICHLADDICH

☛ Jim McEwan, qui a mené une longue carrière à Bowmore avant d'arriver à Bruichladdich en 2001.

En 2003, Bruichladdich devint la première distillerie d'Islay à embouteiller son whisky sur l'île. Du Blacker Still, au goût de sherry prononcé, au Flirtation, à la teinte rosée, et aux 3D, Infinity et The Yellow Submarine, la gamme est surprenante. Plus de 200 whiskies, dont plusieurs en quantité très limitée, ont été commercialisés. Si cette capacité de production rapide désarme certains amateurs de Bruichladdich, elle permet à cette distillerie indépendante de rivaliser avec la concurrence.

◀ **BRUICHLADDICH WAVES**
SINGLE MALT : ISLAY 46 % VOL.
Un soutirage millésimé au caractère modérément tourbé.

BRUICHLADDICH PEAT
SINGLE MALT : ISLAY 46 % VOL.
Un whisky puissant, phénolique, au parfum de feu de jardin, d'algues et de bacon fumé.

BUCHANAN'S

Écosse
Propriétaire : Diageo

James Buchanan est un des grands barons du whisky de l'époque victorienne qui attirèrent l'attention du monde entier sur le scotch. Il débuta comme agent en 1879, puis se lança dans son propre commerce et son whisky fut vite adopté à la Chambre des communes. Aujourd'hui, la marque présente à nouveau des signes de croissance grâce à son nouveau propriétaire, Diageo. Surtout exporté au Mexique, aux États-Unis, au Venezuela et en Colombie, Buchanan's se positionne parmi les blends de première qualité. Il existe un 12 ans d'âge et la Réserve Spéciale, un 18 ans d'âge.

BUCHANAN'S 12 ANS ▶
BLEND 40 % VOL.
Nez riche, avec des notes de sherry et d'épices. Plus mince sur le palais, avec des notes plus amères, rappelant le citron séché. Vineux, avec une touche de bois sec.

BUFFALO TRACE

États-Unis
Buffalo Trace Distillery, 1001 Wilkinson Boulevard, Frankfort, Kentucky
www.buffalotrace.com

Jadis nommée Ancient Age (*voir* p. 15), la distillerie Buffalo Trace se trouve à un carrefour anciennement traversé par la Great Buffalo Trace, une route de migration des buffles.

Buffalo Trace offre la plus vaste gamme d'âges de whiskeys américains (de 4 à 23 ans), et c'est la seule distillerie des États-Unis qui utilise cinq recettes : un whiskey de blé, un rye whiskey, deux rye bourbon et un whiskey d'orge. La gamme Buffalo Trace Experimental Collection, composée de whiskeys brut de fût vieillis en fûts de vin, est sortie en 2006.

◄ BUFFALO TRACE KENTUCKY STRAIGHT BOURBON
BOURBON 45 % VOL.
Âgé de neuf ans au moins, ce whiskey offre des arômes de vanille, gomme, menthe et mélasse. Doux, fruité et épicé sur le palais, avec des notes de chêne et de cassonade. La finale est longue, épicée et assez sèche, la vanille se développe progressivement.

BULLEIT

États-Unis
Four Roses Distillery,
1224 Bonds Mill Road,
Lawrenceburg, Kentucky
www.bulleitbourbon.com

Le Bulleit Bourbon fut créé dans les années 1830, par le gérant de taverne et distillateur amateur Angustus Bulleit, mais la production cessa à sa mort en 1860. Cependant, la marque fut reprise en 1987 par son arrière-arrière-petit-fils Tom Bulleit, qui suivit la recette originale. Seagram racheta la marque qui passa ensuite aux mains de Diageo. Le Bulleit Bourbon est désormais distillé pour Diageo par la distillerie Four Roses (*voir* p. 124), sa teneur en seigle, 29 %, est élevée.

BULLEIT BOURBON ▸
BOURBON 40 % VOL.
De riches arômes de chêne évoluent vers une saveur moelleuse, dominée par la vanille et le miel. La finale moyennement longue est composée de vanille et d'un soupçon de fumée.

BUNNAHABHAIN

Écosse
Port Askaig, Islay
www.bunnahabhain.com

Avant que les distilleries d'Islay ne rencontrent le succès avec leurs single malts au caractère fumé et tourbé, le marché ne visait pas les amateurs, mais les grandes maisons de blends. Les mélangeurs utilisaient très peu de malt fumé pour ne pas déséquilibrer leurs blends. C'est ainsi que Bunnahabhain choisit d'utiliser du malt non tourbé ou légèrement tourbé.

Bunnahabhain produit aussi des embouteillages en édition limitée lors du festival d'Islay, Feis Ile.

◄ BUNNAHABHAIN 12 ANS
SINGLE MALT : ISLAY 40 % VOL.
Un whisky net, rafraîchissant, avec un parfum d'ozone et d'embruns, qui libère en bouche une douceur maltée et de noix.

BUNNAHABHAIN 18 ANS
SINGLE MALT : ISLAY 43 % VOL.
Avec une riche influence du sherry, cette version présente moins le caractère malté de la distillerie que son équivalent 12 ans d'âge. La texture est plus développée et l'arôme est boisé.

BUSHMILLS

Irlande
2 Distillery Road, Bushmills,
County Antrim
www.bushmills.com

Old Bushmills a l'étonnante faculté d'être tout à la fois : une distillerie moderne logée dans un bâtiment victorien, une petite distillerie qui produit des marques internationales et une distillerie active qui accueille le public.

Bushmills produit du whiskey de malt. Le whiskey de grain utilisé dans les blends est, quant à lui, commandé à la distillerie Midleton. Le whiskey est vieilli sur ☛

BUSHMILLS ORIGINAL ▶
BLEND 40 % VOL.
Une sensation en bouche fruitée, facile et enveloppée de vanille. Le caractère net rend ce whiskey accessible. Une bonne introduction dans l'univers des whiskeys irlandais.

BUSHMILLS BLACK BUSH
BLEND 40 % VOL.
Légende vivante, Black Bush est le cancre de la famille. Une dégustation marquée par le miel et les noix, et une sensation en bouche soyeuse. La référence des blends irlandais.

BUSHMILLS

☛ place. L'entreprise dispose pour ce faire de dix entrepôts, tous fonctionnels.

Étrangement, Bushmills n'éprouve pas de difficulté à vendre des single malts et des blends sous le même nom – la distillerie est réputée pour oser repousser les frontières.

◄ BUSHMILLS MALT 10 ANS
SINGLE MALT 40 % VOL.
Comme tout whiskey distillé trois fois et non tourbé, cet agréable single malt plaît à tous les amateurs. On relève un soupçon de bois de sherry, mais c'est surtout le malt raffiné qui domine le spiritueux, doux avec des soupçons de caramel au chocolat. Un malt irlandais classique et très accessible.

BUSHMILLS MALT 16 ANS
SINGLE MALT 40 % VOL.
Ce whiskey n'est pas simplement le résultat d'un vieillissement prolongé du 10 ans d'âge. C'est un mélange équitable de malts vieillis en fûts de bourbon et de malts vieillis en fûts de sherry, mariés pendant neuf mois supplémentaires en fûts de porto. Ces essences de bois apportent leur caractère et produisent un déchaînement d'arômes de fruits secs mêlés à des amandes et à la constante de miel.

CAMERON BRIG

Écosse

Cameronbridge Distillery, Winygates, Leven, Fife

Difficilement acceptés, peu appréciés et peu représentés, les whiskies de grain sont le parent pauvre du scotch. Pourtant, ils sont le composant essentiel des blends, et, lorsqu'ils sont embouteillés en single grain, ils offrent beaucoup de plaisir à la dégustation.

Le Cameron Brig est produit à la distillerie Cameronbridge, appartenant à Diageo et située à Fife ; il s'agit d'un énorme complexe de distillation continue. L'ampleur de la production de whiskies de grain déplaît à certains puristes, mais un bon whisky de grain est savoureux. On ne pouvait en espérer moins de la part de Diageo.

CAMERON BRIG
12 ANS ▶
SINGLE GRAIN 40 % VOL.
Le nez est net aux accents d'herbe et de miel. Le palais est onctueux, ferme, aux notes de noix, avec un soupçon de café amer sur la finale.

CANADIAN CLUB

Canada
Hiram Walker Distillery,
Riverside Drive East,
Walkerville, Ontario
www.canadianclubwhisky.com

Canadian Club est la marque de whisky la plus ancienne et la plus célèbre du Canada. Créée en 1884 par Hiram Walker, un homme d'affaires, elle fut à l'origine nommée « Club » et était destinée aux membres des clubs de gentlemen. Dans une région où le whisky était surtout vendu en grosse quantité, la marque proposait singulièrement ses produits en bouteilles, ce qui évitait le frelatage par les intermédiaires ; cette méthode fut rapidement adoptée par d'autres distillateurs canadiens et américains.

◄ CANADIAN CLUB RESERVE
BLEND 40 % VOL.
Pré-assemblé, puis vieilli dans de petits fûts de chêne.

CANADIAN CLUB 6 ANS 100 PROOF
BLEND 50 % VOL.
La teneur en alcool plus élevée permet aux arômes typiques de se révéler en mélange.

La société reçut de nombreux brevets de fournisseur officiel de la cour britannique, de la reine Victoria à la reine Élizabeth II. Client moins distingué, Al Capone fit passer en contrebande des milliers de caisses de ce whisky à la frontière durant la prohibition.

En 2005, les marques de Canadian Club furent vendues à Fortune Brands, propriétaire de Jim Beam (*voir* p. 204). Ce whisky est toujours pré-assemblé – ses composants sont mélangés avant la maturation, qui dure ici au moins cinq ans. Le version standard est un 6 ans d'âge ; d'autres versions, comme le 20 ans d'âge, sont parfois commercialisées sur le territoire et à l'étranger.

CANADIAN CLUB PREMIUM ▶
BLEND 40 % VOL.
Crémeux et céréalier ; plutôt alcoolisé. Plus sec que la plupart des whiskies canadiens, avec une légère saveur fumée et des notes de noix.

CANADIAN CLUB CLASSIC
BLEND 40 % VOL.
Nez de fruits exotiques, de chêne et de miel, avec un peu de toffee. Palais très onctueux, à la saveur très douce, avec un arrière-goût de banane.

CANADIAN MIST

Canada
202 MacDonald Road,
Collingwood, Ontario
www.canadianmist.com

Il se vend aux États-Unis 3 millions de caisses par an de ce whisky commercialisé en 1965. La distillerie se démarque de ses concurrentes à plusieurs niveaux : l'équipement est en acier inoxydable ; elle est la seule distillerie canadienne à produire un moût de maïs et d'orge maltée ; elle importe son alcool de seigle de la distillerie Early Times (*voir* p. 111) dans le Kentucky. La quasi-totalité du whisky qu'elle produit est acheminée vers le Kentucky, où elle est intégrée à des blends. En parallèle de la marque très populaire Canadian Mist, le 1185 Special Reserve est également disponible.

◀ **CANADIAN MIST**
BLEND 40 % VOL.
Nez légèrement fruité, avec des notes de vanille et de caramel. Arôme doux, souple, avec des traces de toffee à la vanille.

CAOL ILA

Écosse
Port Askaig, Islay
www.malts.com

Des années durant, Caol Ila se fit voler la vedette par Lagavulin chez Diageo. Mais les propriétaires se sont mis à promouvoir Caol Ila comme étant un single malt de grande qualité.

La distillerie fut bâtie en 1846, et, en 1857, elle passa aux mains de Bulloch Lade, grand mélangeur de Glasgow, qui l'agrandit en 1879. La distillerie fut démolie en 1972, pour rouvrir ses portes deux ans plus tard, l'entrepôt étant le seul élément d'origine conservé.

CAOL ILA 12 ANS ▶
SINGLE MALT : ISLAY 43 % VOL.
La douceur maltée et les arômes d'agrumes équilibrent le parfum de goudron et de tourbe. Texture grasse, arômes de sirop d'érable et de fumée.

CAOL ILA DISTILLERS EDITION 1995
SINGLE MALT : ISLAY 43 % VOL.
Doux, fumé et malté, avec des accents de cannelle, notamment sur la finale persistante. La version la plus ronde de la gamme de base.

CARDHU

Écosse
Knockando, Aberlour, Morayshire
www.malts.com

La distillerie fut agrandie par Elizabeth Cumming dans les années 1880. Vendue peu après à Johnnie Walker, elle devint la maison mère du célèbre blend. Dans les années 1990, la forte demande espagnole pour le Cardhu 12 ans poussa le propriétaire, Diageo, à lui ajouter d'autres malts en le rebaptisant Cardhu Pure Malt pour augmenter la production. Un scandale éclata et Diageo retira la marque en 2003. Le Cardhu fut à nouveau vendu comme un single malt 12 ans d'âge.

◄ CARDHU 12 ANS
SINGLE MALT : SPEYSIDE
40 % VOL.
Parfum de bruyère et de poire plutôt léger pour la Speyside, son arôme malté rappelle la noix ; la finale est assez courte.

CARDHU SPECIAL CASK RESERVE
SINGLE MALT : SPEYSIDE
40 % VOL.
Cet embouteillage a plus de profondeur et de corps que le 12 ans, avec des arômes de pêche et une texture plus douce et crémeuse sur la langue.

CATDADDY

États-Unis
Piedmont Distillers,
203 East Murphy Street,
Madison, North Carolina
www.catdaddymoonshine.com

Piedmont est la seule distillerie légale de Caroline du Nord et son Catdaddy Moonshine rend hommage à l'histoire de la distillation clandestine de l'État (*moonshine* est le nom donné à l'alcool clandestin). Cette distillerie, fondée à Madison en 2005 par Joe Michalek, fut la première à obtenir une licence en Caroline depuis le début de la prohibition. « Selon la tradition, seuls les meilleurs *moonshine* ont le droit d'être nommés "Catdaddy", explique Joe Michalek. Chaque série de Catdaddy est distillée dans un authentique pot still en cuivre. »

CATDADDY
CAROLINA MOONSHINE ►
CORN WHISKEY 40 % VOL.
Distillé trois fois à partir de maïs et par petites fournées, le Catdaddy est doux et épicé, avec des notes de vanille et de cannelle.

CATTO'S

Écosse

Propriétaire : Inver House Distillers

James Catto, mélangeur de whisky à Aberdeen, monta son entreprise en 1861. Le whisky qu'il produisit fut distribué mondialement par les compagnies maritimes White Stars et P & O Shipping. À la mort du fils de Catto lors de la Première Guerre mondiale, la société fut transmise aux distillateurs de Gilbey's ; plus récemment, elle fut rachetée par Inver House Distillers. Le Catto est un blend de luxe, complexe, et de pleine maturité. Il en existe deux versions : un whisky standard sans âge et un 12 ans d'âge dont la couleur jaune paille vient contrecarrer sa complexité et la finale particulièrement chaude.

◄ **CATTO'S**

BLEND 40 % VOL.

Le blend standard a un caractère aromatique, bien rond, et se poursuit sur une finale onctueuse et moelleuse.

CHARBAY

États-Unis
Domaine Charbay,
4001 Spring Mountain Road,
St Helena, Californie
www.charbay.com

Miles et Marko Karakasevic, père et fils, sont les représentants de la 12e et 13e génération de vignerons et de cavistes. Le Charbay Double Barrel Hop-Flavored Whiskey est distillé deux fois dans un alambic charentais en cuivre d'une contenance de 3 750 litres. Il est élaboré à partir d'orge maltée de variété européenne à deux rangs, et du houblon est ajouté dans le moût pour produire un effet aromatique plus prononcé. L'alcool est versé dans des fûts neufs de chêne blanc américain pour le vieillissement.

CHARBAY DOUBLE BARREL ►
DOUBLE BARREL WHISKEY
64 % VOL.
Le nez floral présente du miel, de la vanille, des oranges, du chêne et des épices fumées. Sur le palais, ce whiskey est marqué par les agrumes, les épices, et le miel, qui évoluent vers une longue finale de houblon, de vanille et de fruits secs.

CHICHIBU

Japon

Distributeur : Number One Drinks, Netherconesford, King Street, Norwich, Royaume-Uni
www.one-drinks.com

Cette distillerie fut fondée en 2007 par Ichiro Akuto, ancien président de Hanyu (*voir* p. 175). Elle dispose de washbacks en chêne du Japon, probablement les seuls de ce type au monde. Le whisky est vieilli en fûts de chêne japonais ayant contenu du bourbon, du sherry, et du cognac pour quelques-uns. Deux types de whiskies sont testés : l'un assez jeune, l'autre plus âgé. Chichibu envisage de malter l'orge (ou de la sécher) avec de la tourbe japonaise.

◀ CHICHIBU NEWBORN
NEW MAKE 62,5 % VOL.
Cet alcool n'est pas légalement un whisky, mais il donne une idée de ce que sont les spiritueux de la marque. Réchauffant, avec un caractère de fruits verts et des notes de poires vertes et de jasmin. Le palais est net avec une douceur bien équilibrée.

CHIVAS REGAL

Écosse
Propriétaire: Chivas Brothers

La distillerie Chivas Brothers fut fondée au début du XIXe siècle et prospéra rapidement, notamment grâce à de bonnes relations avec la famille royale. L'entreprise appartient désormais à la multinationale Pernod Ricard.

La base de ses blends est formée par les single malts de la Speyside, dont celui de Strathisla, riche et plein. Pour que l'approvisionnement de cet ingrédient précieux soit pérennisé, Chivas Brothers acheta la distillerie en 1950.

CHIVAS REGAL 25 ANS ►
BLEND 40 % VOL.
Produit phare de la maison, le 25 ans d'âge est un whisky de luxe, au caractère riche. À déguster dans les règles de l'art. Délicat, équilibré et raffiné.

CHIVAS REGAL 12 ANS
BLEND 40 % VOL.
Mélange aromatique d'herbes sauvages, de bruyère, de miel et de fruits du verger. Rond et crémeux sur le palais, avec un goût riche et plein de pomme et de miel, et des notes de vanille, noisette et caramel. Riche et persistant.

CLAN CAMPBELL

Écosse

Propriétaire : Chivas Brothers

Créée en 1984, la marque vend 1 million de caisses de whisky par an. Elle appartient à Chivas Brothers, la filiale du géant Pernod Ricard. Clan Campbell n'est pas commercialisé au Royaume-Uni, en revanche, la marque est leader sur le marché français, et on la trouve aussi en Italie, en Espagne et dans certains pays asiatiques. Malgré son jeune âge, ses origines sont liées au patrimoine écossais, grâce notamment à une habile stratégie commerciale et à sa relation avec le duc d'Argylle, chef du clan. Ironiquement, le vestige considéré comme la trace la plus ancienne de la distillation du whisky – le serpentin d'un alambic – a été retrouvé sur le lieu de la distillerie.

◀ **CLAN CAMPBELL**
BLEND 40 % VOL.
Le malt provient surtout de la Speyside (Aberlour et Glenallachie). Léger et onctueux, avec une finale fruitée.

CLAN MACGREGOR

Écosse

Propriétaire : William Grant & Sons

Ce whisky de qualité moyenne est largement vendu aux États-Unis et du Venezuela au Moyen-Orient, puis jusqu'en Thaïlande, mais très peu en Écosse, sa terre d'origine. Les ventes avoisinent 1,5 million de caisses par an. La marque appartenant à William Grant & Sons compte parmi les whiskies écossais au développement le plus rapide. Il s'agit d'un mélange de malts de Grant (Glenfiddich, Balvenie et Kininvie) et du whisky de grain issu de la production de la distillerie Girvan. L'étiquette expose l'insigne, la devise et les armoiries du 24e chef du clan, Sir Malcom MacGregor of MacGregor.

CLAN MACGREGOR ▶

BLEND 40 % VOL.

Mélange de whiskies de grain de la Speyside. De style léger, parfumé, avec de petites touches fruitées.

THE CLAYMORE

Écosse

Propriétaire : Whyte & Mackay

Claymore est le nom donné à un glaive traditionnel des Highlands. DCL (actuel Diageo) jugea que ce nom illustrait bien sa stratégie lorsqu'en 1977, il tenta de reconquérir la part de marché perdue après avoir retiré Johnnie Walker Red Label du marché britannique. Compétitif de par son prix, The Claymore remporta un succès immédiat. En 1985, la marque fut vendue à Whyte & Mackay. Les ventes se maintinrent quelque temps, mais elles déclinèrent ces dernières années, ce whisky étant souvent considéré comme de qualité moyenne. On pense que le Dalmore est le whisky de malt essentiel du blend.

◄ **THE CLAYMORE**

BLEND 40 % VOL.

Le nez est lourd et plein, avec des notes soyeuses et moelleuses. Bien équilibré et au corps plein sur le palais. Finale soignée.

CLONTARF

Irlande
www.clontarfwhiskey.com

Clontarf somnole depuis longtemps. Depuis, le goût et le style du whiskey ont beaucoup changé. Il n'existe pas de distillerie Clontarf, il s'agit d'une marque uniquement. Les whiskeys qui la composent viennent de divers lieux de production. Cela pose problème car, en général, les consommateurs aiment la continuité. Avec Clontarf, on ne sait jamais ce que l'on va boire.

CLONTARF SINGLE MALT ▶
SINGLE MALT 40 % VOL.
Doux et léger, avec une agréable sensation en bouche. Notes de céréales accompagnées de soupçons de miel, mais globalement, ce whiskey manque de diversité.

CLONTARF CLASSIC BLEND
BLEND 40 % VOL.
Des pop-corn caramélisés viennent en bouche lors de la dégustation, mais d'une manière malheureusement désagréable.

CLUNY

Écosse

Propriétaire : Whyte & Mackay

Produit par Whyte & Mackay, le Cluny est envoyé en barriques aux États-Unis chez Heaven Hill Distilleries, qui embouteille du whisky depuis 1988. Aujourd'hui, le Cluny est un des scotchs blends les plus populaires aux États-Unis, notamment grâce à son prix compétitif. Il est composé de plus de 30 malts issus de toutes les régions d'Écosse (dont les single malts Isle of Jura, Dalmore et Fettercairn) ainsi que de whisky de grain produit probablement en grande partie par la distillerie Invergordon de Whyte & Mackay. Les propriétaires sont désormais sous la direction d'une entreprise indienne.

◄ **CLUNY**
BLEND 40 % VOL.
Nez subtilement doux et amer, avec un léger goût amer, métallique sur le palais.

CLYNELISH

Écosse
Brora, Sutherland
www.malts.com

Distillerie datant de 1967, Clynelish possède six alambics et a une capacité de production de 3,4 millions de litres. Sur le site, une autre distillerie, Brora, fonctionna jusqu'en 1983. Fondée en 1819 par le marquis de Stafford, et connue un temps sous le nom de Old Clynelish, Brora produisit un malt tourbé dans les années 1970 pour fournir des malts proches de ceux d'Islay et entrant dans la composition de blends tels que le Johnnie Walker Black Label. En 1983, Brora ferma ses portes, il ne resta alors que Clynelish. Des malts assez rares et des embouteillages indépendants par Douglas Laing et Cadenhead, entre autres, sont commercialisés.

CLYNELISH 14 ANS ▶
SINGLE MALT : HIGHLANDS
46 % VOL.
Un malt rond, plutôt fruité, à la texture crémeuse, avec un soupçon de fumée et une finale franche et sèche.

COLERAINE

Irlande

Coleraine Distillery Ltd,
Hawthorn Office Park,
Stockman's Way, Belfast

Si ce blend est encore vendu, c'est que les amateurs de whiskey sont fidèles à leur marque. Le nom de Coleraine a toujours de l'impact, trois décennies après la fermeture de la distillerie. Son single malt fut jadis réputé, puis, en 1954, l'entreprise commença à produire du whiskey de grain pour Bushmills, avant de cesser son activité dans les années 1970. Cependant, la réputation de la distillerie était telle que les clients recherchent encore ses produits. Une marque et un blend portant son nom ont ainsi été créés de façon à combler la lacune. La société se nomme Coleraine Distillery, mais le whiskey est produit sur un autre site.

◄ **COLERAINE**
BLEND 40 % VOL.
Léger, doux et céréalier. L'idéal est probablement de le boire en mélange.

COMPASS BOX

Écosse
www.compassboxwhisky.com

La société fut fondée en 2000 et se décrit comme « une production de whisky artisanal », ce qui peut paraître exagéré dans la mesure où il ne s'agit pas d'un lieu de distillation mais de mélange, quoique innovant et expérimental. Pour produire le Spice Tree, l'entreprise ajouta des lattes de chêne dans les fûts, mais la Scotch Whisky Association exigea le retrait du produit. Malgré sa courte existence, elle a obtenu non moins de 60 médailles et prix.

COMPASS BOX THE PEAT MONSTER ▶
BLENDED MALT ISLAY/SPEYSIDE 46 % VOL.
Riche et fort en saveurs : un goût fumé, généreusement tourbé, avec des soupçons de fruits et d'épices. Longue finale, maintenant la tourbe et la fumée pendant plusieurs minutes.

COMPASS BOX ASYLA
BLEND 40 % VOL.
Souvent récompensé. Doux, délicat, onctueux sur le palais, avec une saveur de crème à la vanille, de céréales, et un caractère subtil rappelant la pomme.

CONNEMARA

Irlande
Cooley Distillery, Riverstown, Cooley, County Louth
www.connemarawhiskey.com

Pour l'industrie du whiskey irlandais – et de nombreux traditionalistes –, le whiskey irlandais était une boisson distillée trois fois et non tourbée. Mais John Teeling, employé à Cooley, se mit à fabriquer du whiskey irlandais tourbé et distillé deux fois. Cela fit scandale mais, au cours des 15 dernières années, Connemara est passé de la curiosité au lauréat de médailles d'or.

◄ CONNEMARA
SINGLE MALT 40 % VOL.
Ce serait une erreur de placer la gamme Connemara parmi les « scotchs légers ». Rural et non côtier, sans iode ni embruns. Seuls la bruyère des tourbières et les champs d'orge se font sentir dans ce whiskey.

CONNEMARA CASK STRENGTH
SINGLE MALT 60,7 % VOL.
Un trait d'eau révèle le nez, qui est grand et légèrement mentholé. En bouche, l'animal maintenu par l'alcool se libère et explose en étincelles de tourbe sèche et de bois aromatique. La finale est sèche.

CRAGGANMORE

Écosse
Ballindalloch, Morayshire
www.malts.com

Cette distillerie fut conçue de façon très pratique. Fondée en 1869, elle possède une source d'eau pure avec le ruisseau Craggan, elle a de l'orge et de la tourbe à disposition et se trouve près de la gare Ballindalloch, où est à disposition son propre embranchement ferroviaire.

La renommée des single malts de Cragganmore est probablement due aux alambics très plats et à l'usage de condenseur à serpentin, ce qui produit un alcool plus lourd.

CRAGGANMORE 12 ANS ▶
SINGLE MALT : SPEYSIDE
40 % VOL.
Avec des arômes floraux et de bruyère, il évoque la Speyside. Il présente une complexité boisée corsée, avec une trace de fumée sur le palais.

CRAGGANMORE DISTILLERS EDITION 1992
SINGLE MALT : SPEYSIDE
43 % VOL.
Whisky à double maturation, affiné dans des fûts de porto. Il en résulte une douceur d'orange et de cerise. La finale est légèrement fumée.

CRAIGELLACHIE

Écosse

Craigellachie, Banffshire

Bien que le nom de John Dewar & Sons soit inscrit en grands caractères sur la façade moderne en verre poli de l'entreprise, située sur la route principale à la sortie de Craigellachie, la distillerie était à l'origine liée au White Horse. Peter Mackie, l'inventeur du célèbre blend, construisit Craigellachie en 1891, en partenariat avec Alexander Edward. De tous les barons du whisky, Mackie fut le plus attaché à la distillation du malt, en tant qu'ancien apprenti chez Lagavulin, dont le whisky entrait également dans la composition du White Horse. Depuis 1998, Craigellachie appartient à Bacardi.

◄ CRAIGELLACHIE 14 ANS
SINGLE MALT : SPEYSIDE
40 % VOL.

Riche et aromatique, avec un parfum de tarte aux fruits et une touche de fumée. Plus délicat sur la langue, avec quelques notes boisées sur la finale.

CRAOI NA MONA

Irlande
Cooley Distillery, Riverstown, Cooley, County Louth

En gaélique, *Craoi na Mona* signifie « cœur de tourbe ». Produit par Cooley, bien que la marque ne lui appartienne pas, ce whiskey est distribué aussi bien à Moscou qu'à Londres, mais on ne le trouve pas à Dublin. Avec l'engouement récent pour les whiskeys irlandais, il n'est pas étonnant que les sociétés de spiritueux cherchent à se faire une place dans le milieu. Mais le marché est surchargé et la quantité de whiskey produit en Irlande est limitée. Restent alors de très jeunes whiskeys commercialisés par de petites entreprises.

CRAOI NA MONA ▶
SINGLE MALT 40 % VOL.
Doux et jeune, c'est un single malt tourbé définitivement immature.

CRAWFORD'S

Écosse

Propriétaire : Whyte & Mackay/Diageo

Le Crawford's 3 Stars fut créé par la société A. & A. Crawford, basée à Leith. Lorsque celle-ci s'allia à DCL en 1944, le blend était populaire en Écosse. Le succès se prolongea, mais la marque importait peu à ses propriétaires en termes de stratégie commerciale, si bien qu'elle fut cédée en 1986 à Whyte & Mackay, aujourd'hui filiale de Indian UB Group – ce qui laisse penser que l'avenir de ce whisky se jouera sur le sous-continent indien. Diageo, successeur de DCL, a gardé les droits pour le nom Crawford's 3 Stars Special Reserve hors du Royaume-Uni. Le single malt Benrinnes (*voir* p. 45) est depuis longtemps un composant du blend Crawford's.

◄ CRAWFORD'S 3 STAR SPECIAL RESERVE

BLEND 40 % VOL.

Fruité, rafraîchissant, avec des notes d'agrumes, au cœur doux, et une finale sèche et légèrement charbonneuse.

CRESTED TEN

Irlande
Midleton Distillery, Midleton, County Cork

Commercialisé en 1963, le Crested Ten est le premier embouteillage officiel de Jameson. Ce whiskey fut créé un siècle après que les Écossais se lancèrent dans la création de marques et l'embouteillage officiel, ce qui illustre le retard qu'avait l'industrie irlandaise et le risque qu'elle a couru de disparaître. Crested Ten est le type de whiskey que l'on trouve dissimulé en haut d'une étagère dans les pubs irlandais. Il est rarement utilisé, probablement parce qu'il n'est pas bon en mélange.

CRESTED TEN ▶
BLEND 40 % VOL.
Un whiskey de type ancien, dévoilant un caractère de pot still et l'influence du vieillissement en fûts d'oloroso. Une dégustation chaleureuse, réconfortante, récompensant ceux qui auront osé commander le whiskey caché sur l'étagère. Dégustez-le sec, un trait d'eau suffit.

CROWN ROYAL

Canada
Distillery Road, Gimli, Manitoba
www.crownroyal.ca

Le Crown Royal, avec sa bouteille en forme de couronne, fut créé par Sam Bronfman, président de Seagram (*voir* p. 313) pour célébrer la visite au Canada du roi George VI et de la reine Elizabeth en 1939. Il ne fut disponible qu'au Canada jusqu'en 1964, mais il est désormais l'un des whiskies canadiens les plus vendus aux États-Unis.

Depuis 1992, il est produit à la distillerie Gimli à Lake Winnipeg. En 2001, la société se déchargea de ses parts sur l'alcool. Gimli et Crown Royal furent repris par Diageo.

◄ CROWN ROYAL
BLEND 40 % VOL.
Riche, robuste et équilibré. En bouche, saveurs de vanille, de chêne et de fruits.

CROWN ROYAL SPECIAL RESERVE
BLEND 40 % VOL.
Nez grand, riche et rond, avec des fruits et des notes florales.

CUTTY SARK

Écosse

Propriétaire : Berry Brothers & Rudd

Assemblé et mis en bouteille à Glasgow par le groupe Edrington, Cutty Sark fut créé en 1923 pour Berry Bros & Rudd Ltd, un caviste bien établi de Londres qui est toujours propriétaire de la marque.

Premier whisky de couleur très pâle au monde, le Cutty Sark comporte une vingtaine de single malts, la plupart étant originaires de la Speyside, comme Glenrothes et Macallan. Le bois des fûts de chêne est méticuleusement choisi pour développer les saveurs et les arômes caractéristiques de chaque whisky composant le blend et pour révéler doucement la couleur au fil de la maturation.

CUTTY SARK ORIGINAL ▶

BLEND 40 % VOL.

Arôme léger et parfumé, soupçons de vanille et de chêne. Doux et crémeux, note de vanille. Finale rafraîchissante.

CUTTY SARK 12 ANS

BLEND 43 % VOL.

Raffiné et fruité, avec une douceur vanillée subtile. Les malts composant ce blend ont entre 12 et 15 ans d'âge.

DAILUAINE

Écosse
Carron, Banffshire
www.malts.com

Dans l'ombre de Benrinnes, William Mackenzie, un fermier de la région, fonda la distillerie Dailuaine en 1854. Son fils Thomas forma ensuite un partenariat avec James Fleming pour créer Dailuaine-Talisker Distilleries. En 1889, Dailuaine fut reconstruite et devint l'une des plus grandes distilleries d'Écosse. C'est sur ce site que l'architecte Charles Doig érigea son premier toit de pagode pour diriger la fumée du four vers le malt – idée qui fut reprise ailleurs. Seuls 2% du whisky de Dailuaine sont embouteillés en single malts, cette gamme de whiskies est donc très rare.

◄ DAILUAINE GORDON & MACPHAIL 1993
SINGLE MALT : SPEYSIDE
43 % VOL.
Doux et malté, avec des notes épicées de réglisse et de graines d'anis. Notes de chêne et de grill également. Plus crémeux avec un peu d'eau.

DALLAS DHU

Écosse
Forres, Morayshire

Cette distillerie datant de l'époque victorienne, fondée en 1898 par Alexander Edward, fut l'une des nombreuses distilleries passées aux mains de DCL et fermées en 1983 en attente d'une conjoncture meilleure. Avec ses deux alambics et sa roue à eau qui fournit l'énergie de la distillerie jusqu'en 1971, Dallas Dhu ne s'est jamais vraiment adaptée au XXe siècle. Mais, bien que ses alambics n'aient jamais été remis en marche, la distillerie fut transformée en musée sous l'égide de Historic Scotland. Des milliers de touristes font chaque année la visite et goûtent un peu du malt dans le blend Roderick Dhu.

DALLAS DHU RARE MALTS 21 ANS ▶
SINGLE MALT : SPEYSIDE 61,9 % VOL.
Au corps plein, de caractère presque Highlands sur le nez, avec une trace de fumée et un arôme malté corsé.

DALMORE

Écosse
Alness, Ross-shire
www.thedalmore.com

Si le blend de Whyte & Mackay est depuis longtemps associé à Glasgow, son composant majeur provient des Highlands, de la distillerie Dalmore, sur les rives du Cromarty Firth. La distillerie fut rachetée en 1960 par Whyte & Mackay, et The Dalmore, un single malt, est désormais le produit phare de la société.

Le nom est un mélange de norrois et de gaélique signifiant « la grande prairie ». Fondée en 1839 par Alexander Matheson, la distillerie est située face à Black Isle, où l'on

◄ THE DALMORE 12 ANS
SINGLE MALT : HIGHLANDS
40 % VOL.
Le prix et la présentation de ce 12 ans d'âge ont évolué vers un produit haut de gamme. Ce whisky offre un arôme d'écorce confite et de caramel vanillé.

THE DALMORE 1974
SINGLE MALT : HIGHLANDS
45 % VOL.
Onctueux et au corps plein, avec des notes de sherry, banane, chocolat noir à l'orange, café et noix. Finale longue.

cultive la meilleure orge d'Écosse. Avec l'abondance de la tourbe et l'eau de la rivière Alness, le site était bien choisi.

Longtemps, le seul embouteillage de la distillerie a été un single malt 12 ans d'âge. Puis la gamme s'étoffa d'un 21 et d'un 30 ans d'âge, ainsi que d'un Gran Reserva (auparavant connu sous le nom de Cigar Malt) en 2002. En 2009, la vente aux enchères d'un 62 ans d'âge rapporta la somme record de 25877 livres. Depuis, la gamme de base comprend aussi des embouteillages à édition limitée, dont la plupart ont subi différents types de maturation, véritable passion du maître assembleur de Whyte & Mackay, Richard Paterson.

THE DALMORE 15 ANS ▶
SINGLE MALT : HIGHLANDS
40 % VOL.

Riche et fruité, mais avec des notes épicées plus accentuées : clou de girofle, cannelle et gingembre.

THE DALMORE 40 ANS
SINGLE MALT : HIGHLANDS
40 % VOL.

Après avoir vieilli en fûts de chêne américain, ce Dalmore est versé dans des cuves de sherry Mathusalem oloroso, puis dans des fûts de sherry amoroso.

DALWHINNIE

Écosse
Dalwhinnie, Inverness-shire
www.malts.com

Fondée en 1897, Dalwhinnie était, à 327 mètres d'altitude, la distillerie la plus élevée d'Écosse, mais fut depuis détrônée par Braeval. Elle peut toutefois se targuer d'une autre particularité : avec une température moyenne de 6 °C seulement, elle est la distillerie la plus froide du pays. En 1905, elle fut la première distillerie écossaise à être rachetée par des Américains, en l'occurrence Cook & Bernheimer, société basée à New York ; la bannière étoilée fut alors hissée sur l'entrepôt, à Leith. Depuis 1926, Dalwhinnie appartient à DCL (Diageo) et le whisky qu'elle produit entre dans la composition de blends tels que le Black & White.

◄ DALWHINNIE 15 ANS
SINGLE MALT : HIGHLANDS
43 % VOL.
Doux, aromatique, et subtilement fumé, ce malt complexe est épais sur la langue.

DEANSTON

Écosse
Deanston, Perthshire
www.burnstewartdistillers.com

En général, les distilleries étaient à l'origine des lieux clandestins, des brasseries ou des sites de concassage du malt ; seule Deanston était une ancienne filature de coton. Fondée en 1785 par Richard Arkwright, l'un des pionniers de la révolution industrielle, elle fut transformée en distillerie en 1965, en partenariat avec Brodie Hepburn, qui avait également Tullibardine. Deanston élabora rapidement un single malt : l'Old Bannockburn, commercialisé en 1971. Les années 1980 furent synonymes de fermeture provisoire, puis la distillerie fut rachetée en 1990 par le groupe Burn Stewart, aujourd'hui filiale de CL Financial, société basée à Trinidad.

DEANSTON 12 ANS ▶
SINGLE MALT : HIGHLANDS
40 % VOL.
Un malt typique des Highlands au corps relativement léger, avec un arôme de noix et des notes de sherry.

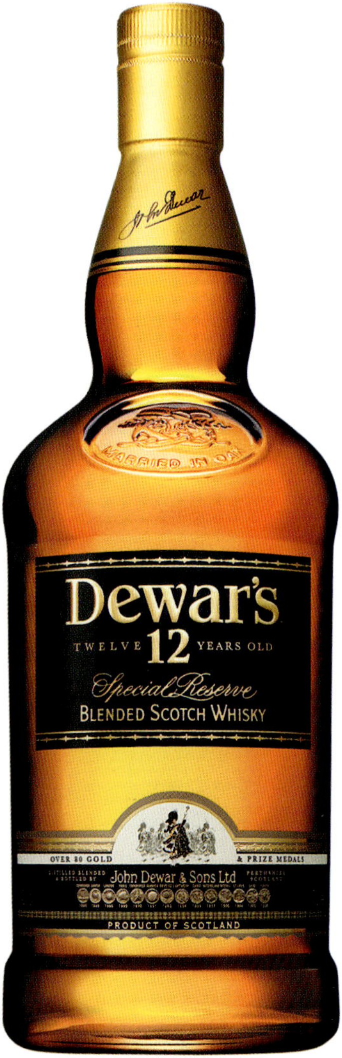

DEWAR'S

Écosse

www.dewars.com

Bacardi racheta Dewar en 1988 et la rénova. Le conditionnement des produits fut modifié et de grands investissements furent réalisés pour moderniser la chaîne de fabrication, de la distillation à l'entrepôt et à l'embouteillage. Des produits furent développés pour compléter le White Label, l'un des blends écossais les plus vendus aux États-Unis. Les premières nouveautés furent un 12 ans d'âge, un Special Reserve, ainsi qu'un 18 ans d'âge Founder's Reserve et un whisky de première qualité, sans âge, nommé Signature.

◄ DEWAR'S 12 ANS

BLEND 40 % VOL.

Douceâtre et floral. Un blend plein et riche, avec du miel et du caramel, et des notes de réglisse sur la longue finale.

DEWAR'S WHITE LABEL

BLEND 40 % VOL.

Nez doux et aux notes de bruyère. Corps moyen, frais, malté et vaguement épicé, avec une finale nette, légèrement sèche.

Le single malt principal entrant dans la composition des blends de Dewar's est l'Aberfeldy ; d'autres malts du groupe – Aultmore, Royal Brackla, Craigellachie et MacDuff – sont également utilisés.

La marque, peu présente au Royaume-Uni, domine les ventes aux États-Unis. Elle est aussi importante sur certains marchés européens et se développe en Asie. Bacardi a favorisé la distribution mondiale de Dewar's et la mise en valeur de son image avec de grandes campagnes publicitaires. Les produits standards de la maison ont gardé leur niveau de qualité – pour certains, la qualité des blends même s'est améliorée, notamment dans les nouveaux produits.

DEWAR'S 18 ANS ▶
BLEND 43 % VOL.
Le nez est plus délicatement parfumé, avec des notes de poire et de zeste de citron. Doux sur le palais, mais s'asséchant sur une finale épicée.

DEWAR'S SIGNATURE
BLEND 43 % VOL.
Un blend à édition limitée, contenant une grande part de vieux malt Aberfeldy. Texture soyeuse et moelleuse, avec des notes riches de fruits et de miel.

DIMPLE

Écosse

Propriétaire : Diageo

Prospère dès son lancement en 1890, Dimple, la marque créée par Haig, fait aujourd'hui partie de Diageo. Dimple a toujours été une marque de blends de luxe, célèbres pour leur conditionnement particulier, créé par G. O. Haig dans les années 1890, et qui se distingue par un tissage de fil de fer autour de la bouteille, à l'origine appliqué à la main et destiné à éviter que le bouchon ne saute. Ce fut la première bouteille à déposer une marque aux États-Unis, assez tard, en 1958.

◄ DIMPLE 12 ANS
BLEND 40 % VOL.
Arômes de caramel fudge avec des notes boisées. Soupçons de menthe, richesse au début sur le palais, avec des pommes au beurre et du caramel, et des notes épicées et de fruits séchés.

DIMPLE 15 ANS
BLEND 43 % VOL.
Ce blend dégage des soupçons de fumée, de chocolat et de cacao, la finale est longue et riche.

DUFFTOWN

Écosse
Dufftown, Keith, Banffshire
www.malts.com

L'épicentre de la Speyside en matière de fabrication du whisky se devait d'avoir une distillerie à son nom. Il fallut attendre 1896, la ville abritait alors cinq distilleries. Un an plus tard, Dufftown appartenait à Peter Mackenzie, également propriétaire de Blair Athol. Le whisky était vendu aux assembleurs Arthur Bell & Sons, qui achetèrent finalement Dufftown en 1933. Aujourd'hui aux mains de Diageo, Dufftown continue à fournir du malt pour les blends de Bell's et, jusqu'à récemment, produisait du single malt en quantité limitée.

SINGLETON OF DUFFTOWN ▶
SINGLE MALT : SPEYSIDE
40 % VOL.
Un single malt doux de 12 ans d'âge est idéal pour commencer une dégustation.

DUNGOURNEY 1964

Irlande

Midleton Distillery, Midleton, County Cork

Le dernier pot still whiskey produit à l'ancienne distillerie Midleton fut oublié dans l'entrepôt durant 30 ans à Dungourney. Il fut découvert en 1994, on le mit en bouteille et on le nomma d'après la rivière qui avait fourni l'eau pour sa production, 30 ans plus tôt. Le Dungourney 1964 est une machine à remonter le temps : en le humant, vous serez transporté à l'époque où le Jameson, le Paddy et le Powers étaient produits par des distilleries concurrentes.

◄ DUNGOURNEY 1964
IRISH POT STILL WHISKEY
40 % VOL.

L'attaque sur le nez évoque le champignon et donne un soupçon d'âge, mais le corps reste ferme. À l'époque, le whiskey était produit différemment, c'est pourquoi il présente un goût légèrement gras, et l'éclat révélateur, presque mentholé, du pure pot still whiskey est toujours manifeste.

DYC

Espagne
Beam Global España SA,
Pasaje Molino del Arco,
40194 Palazuelos de Eresma, Segovia
www.dyc.es

La première distillerie de whisky espagnole fut fondée en 1959 près de Segovia. Elle utilise l'eau réputée de la rivière Eresma toute proche.

Le DYC (Destilerías y Crianza del Whisky) existe en trois versions : le Fine Blend et le 8 ans d'âge, tous deux mélanges de plusieurs céréales, ainsi qu'un blended malt sans âge. L'alcool est vieilli dans des fûts de chêne américain.

DYC 8 ANS ▶
BLEND 40 % VOL.
Floral, épicé, fumé et herbeux, avec un soupçon de miel et de bruyère. Sensation en bouche onctueuse et crémeuse ; malté avec des soupçons de vanille, pâte d'amande, pomme et agrumes. Une finale douce-amère, longue et onctueuse.

DYC PURE MALT
BLENDED MALT 40 % VOL.
Bouquet parfumé et sophistiqué, avec des soupçons d'agrumes, de la douceur, du miel et de la vanille. Corps plein, saveur de malt riche. La finale est longue, sophistiquée et subtile.

EAGLE RARE

États-Unis
Buffalo Trace Distillery,
1001 Wilkinson Boulevard,
Frankfort, Kentucky
www.buffalotrace.com

La marque Eagle Rare fut créée en 1975 par le géant canadien de la distillation Joseph E. Seagram & Sonc Inc. En 1989, elle fut rachetée par la société Sezerac originaire de la Nouvelle-Orléans. Dans sa version actuelle, Eagle Rare fait partie de la Buffalo Trace Antique Collection, imaginée par Sazerac, et qui est renouvelée chaque année.

◄ EAGLE RARE 2008 EDITION
BOURBON 45 % VOL.
La dernière version de l'Eagle Rare est issue d'une distillation réalisée en 1991. Le nez présente du caramel, du sirop d'érable, des amandes et de la vanille, tandis que le palais renforce la vanille, accompagnée de cuir usé, de fruits d'été, de chocolat noir et d'un soupçon de menthe. La finale est marquée par les épices et la crème brûlée.

EARLY TIMES

États-Unis
Brown-Forman Distillery,
850 Dixie Highway,
Louisville, Kentucky
www.brown-forman.com

L'Early Times doit son nom à un village proche de Bardstown où il fut créé en 1860. Il ne peut être classé parmi les bourbons car une partie du distillat est vieillie dans des fûts usagés, et la législation exige que tout le distillat soit vieilli dans des fûts neufs pour obtenir l'appellation.

Cette version de l'Early Times fut créée en 1981 pour concurrencer les whiskies canadiens, au corps plus léger, et de plus en plus populaires. Le mashbill de l'Early Times est composé de 79% de maïs, de 11% de seigle et de 10% d'orge maltée.

EARLY TIMES ▶
KENTUCKY WHISKEY 40 % VOL.
Assez léger sur le nez, avec des noix et des épices. Sur le palais, ces saveurs sont renforcées, accompagnées de notes de miel et de caramel dur, évoluant vers une finale moyennement longue.

EDDU

France
Les Menhirs, Pont Menhir,
29700 Plomelin, Bretagne
www.distillerie.fr

La distillerie des Menhirs produisait à l'origine du cidre et du pommeau de Bretagne. Fondée en 1986, elle se tourna vers la distillation du whisky en 1998. La plupart des distillateurs de fruits s'essayant à la fabrication du whisky gardent leur équipement pour ce second usage ; ce n'est pas le cas de celle-ci. Elle installa un alambic indépendant réservé à la distillation du whisky, élaboré avec du sarrasin (*eddu* en breton).

◄ EDDU SILVER
WHISKY DE SARRASIN 40 % VOL.
Proche de son équivalent Silver – comportant les mêmes notes florales et épicées – mais plus alcoolisé.

EDDU GREY ROCK
BLEND 40 % VOL.
Une version blend comportant 30% de sarrasin. Les arômes d'orange et d'abricot se mêlent au genêt. Une légère brise marine est accompagnée d'un soupçon de cannelle. Arômes équilibrés et une finale longue, très longue.

EDGEFIELD

États-Unis
2126 Southwest Halsey Street,
Troutdale, Oregon
www.mcmenamins.com

La distillerie Edgefield, gérée par la chaîne hôtelière McMenamin's, est implantée dans une ancienne réserve de légumes dans la propriété Edgefield Manor, à Troutdale. La distillerie fonctionne depuis 1998 et dispose d'un alambic en cuivre de 4 mètres de hauteur et d'un alambic en acier inoxydable.

Le design de cet appareil, hybride d'un scaphandre du XIXe siècle et d'un percolateur géant, fut conçu par Holstein en Allemagne, l'entreprise de fabrication d'alambics encore en activité la plus ancienne au monde.

EDGEFIELD HOGSHEAD ►
OREGON WHISKEY 46 % VOL.
Le Hogshead whiskey a un nez doux et floral de banane et de malt, des notes de vanille et de caramel sur le palais, ainsi que de l'orge, du miel et du chêne sur la finale moyennement longue.

EDRADOUR

Écosse
Pitlochry, Perthshire
www.edradour.co.uk

Avec une production de 90 000 litres d'alcool pur par an, cette distillerie pittoresque comptait, à sa création en 1825, parmi les nombreux sites de fabrication du whisky installés dans les fermes, dans la région de Perthshire. Aujourd'hui, elle se distingue des autres distilleries de la Speyside appartenant au milieu hautement productiviste. Elle fut rachetée en 1975 par Pernod Ricard, mais le géant français cherchait à se faire une place dans l'industrie du whisky et la petite Edradour fut délaissée. Elle fut revendue en 2002 à Andrew Symington, propriétaire de l'embouteilleur Signatory.

◀ EDRADOUR 10 ANS
SINGLE MALT : HIGHLANDS
40 % VOL.
Nez net de menthe poivrée, avec une trace de fumée. Sur la langue, des arômes plus riches de noix, et une texture soyeuse.

ELIJAH CRAIG

États-Unis
Heaven Hill Distillery,
1701 West Breckinridge Street,
Louisville, Kentucky
www.heaven-hill.com

Le révérend Elijah Craig (1743-1808) est considéré comme le « père du bourbon » car il aurait inventé la méthode de conservation et de vieillissement du whiskey dans des fûts carbonisés. Rien ne prouve qu'il serait le premier à avoir produit du bourbon, mais il est certain que l'association d'un « homme de Dieu » au whiskey fut précieuse dans la lutte contre le mouvement de tempérance.

ELIJAH CRAIG 12 ANS ▶
BOURBON 47 % VOL.
Un bourbon classique, avec des arômes doux et affinés de caramel, vanille, miel et épices, relevés d'une tige de menthe. Riche, au corps plein, et rond sur le palais moelleux, avec du caramel, du malt, du maïs, du seigle et un soupçon de fumée. Chêne doux, réglisse et vanille dominent la finale.

ELMER T. LEE

États-Unis
Buffalo Trace Distillery,
1001 Wilkinson Boulevard,
Frankfort, Kentucky
www.buffalotrace.com

Elmer T. Lee était un maître distillateur de la distillerie Buffalo Trace (*voir* p. 66). Il rejoignit ce qui était alors la distillerie George T. Stagg dans les années 1940, qui fut successivement renommée Albert B. Blanton Distillery en 1953, Ancient Age Distillery en 1962 et finalement Buffalo Trace Distillery en 2001. On attribue à Lee la création du premier bourbon single barrel en 1984.

◀ ELMER T. LEE
SINGLE BARREL
BOURBON 45 % VOL.
Âgé de six à huit ans, ce whiskey présente des agrumes, de la vanille et du maïs doux sur le nez parfumé. Le palais est doux et plein, les notes de miel, de caramel persistant et de cacao sont proéminentes.

THE ENGLISH WHISKY CO.

Angleterre
St George's Distillery,
Harling Road, Roudham, Norfolk
www.englishwhisky.co.uk

Dans son ouvrage *Distilleries of the United Kingdom and Ireland*, paru en 1887, Alfred Barnard explique que l'Angleterre abritait au moins quatre distilleries au début du XIXe siècle. Au début du XXe siècle, elles avaient disparu et il fallut attendre 2006 pour que des pot stills soient à nouveau mis en marche en Angleterre, par la société The English Whisky Co., qui employa le célèbre distillateur Iain Henderson.

ENGLISH WHISKY CO. CHAPTER 3 ▶

NEW MAKE 40 % VOL.

Il ne s'agit pas encore d'un whisky, mais ce distillat, ou new make, est déjà très fruité. Iain Henderson a également élaboré un alcool tourbé en 2007.

EVAN WILLIAMS

États-Unis
Heaven Hill Distillery,
1701 West Breckinridge Street,
Louisville, Kentucky
www.heaven-hill.com

Deuxième bourbon le plus vendu après Jim Beam, Evan Williams doit son nom à l'homme considéré par de nombreux experts comme le premier distillateur du Kentucky.

Evan Williams naquit au pays de Galles vers 1780 et émigra en Virginie, dans le comté de Fincastle, qui devint le Kentucky. Il bâtit une distillerie au bord de la rivière Ohio, dans l'actuelle Louisville.

◄ EVAN WILLIAMS BLACK LABEL
BOURBON 43 % VOL.
Le nez est léger mais aromatique, avec des notes de vanille et de menthe. Le palais est doux au début, avec du caramel, du malt et des notes de cuir et d'épices se développant peu à peu.

EVAN WILLIAMS SINGLE BARREL 1998 VINTAGE
BOURBON 43,3 % VOL.
Nez aromatique de céréales, fruits secs, caramel et vanille. Sirop d'érable, noix de muscade, mélasse, cannelle et fruits des bois sur le palais. Bouffée de fumée, amandes et miel sur la finale épicée.

THE FAMOUS GROUSE

Écosse
Propriétaire : Edrington Group
www.thefamousgrouse.com

Le blend le plus vendu en Écosse fut créé par l'entrepreneur Matthew Gloag en 1896. La marque fut d'abord connue sous le nom The Grouse Brand, avant de devenir The Famous Grouse. La société resta dans la famille jusqu'en 1970, lorsque les droits de succession élevés obligèrent celle-ci ☛

THE FAMOUS GROUSE FINEST ▶
BLEND 40 % VOL.
Nez de chêne et de sherry, bien équilibré par une note d'agrumes. Souple, riche en saveurs vives et fruitées de la Speyside. Finale nette et moyennement sèche.

THE FAMOUS GROUSE BLENDED MALT RANGE
BLENDED MALTS 43 % VOL.
Âgée de 10, 12, 15, 18 et 30 ans, chaque version est un blend de whiskies de malt produit par les distilleries d'Edrington. Ces whiskies sont fruités, épicés, avec de la vanille et des influences plus tanniques, et évoquant le sherry, à mesure que l'âge est élevé.

THE FAMOUS GROUSE

☛ à vendre la distillerie à Highland Distillers, aujourd'hui filiale du groupe Edrington, qui possède aussi certaines des distilleries de single malt les plus raffinées d'Écosse, dont Highland Park, Glenrothes et Macallan. Leurs whiskies entrent dans la composition des blends de The Famous Grouse.

Depuis 2007, de nouveaux produits ont été présentés. Le Black Grouse comporte des malts d'Islay plus fortement aromatisés, tandis que le Snow Grouse est un whisky de grain à boire glacé, comme la vodka. Enfin, The Famous Grouse produit aussi une gamme de blended malts, de 10 à 30 ans d'âge.

◄ GOLD RESERVE 12 ANS
BLEND 40 % VOL.
Floral, évoquant le chêne, avec un palais fruité et un goût épicé. Arrondi par une longue finale moyennement sèche.

THE BLACK GROUSE
BLEND 40 % VOL.
Arômes de thé à la crème, de pêche, de pomme et de confiture. Notes tourbées et fumées sur le palais, ainsi que de la vanille, du poivre et des épices, et une finale douce.

FECKIN IRISH WHISKEY

Irlande
www.feckinwhiskey.com

Les ventes de whiskeys irlandais continuent à s'envoler et à inverser la tendance de la consommation, c'est pourquoi certains entrepreneurs rusés n'hésitent pas à ajouter de nouveaux produits sur le marché. D'après son nom et le design de l'étiquette, celui-ci semble destiné aux consommateurs les plus jeunes. En effet, on l'imagine mal parmi des costumes tweedés. « *Feck* » est un juron modéré typiquement irlandais qui fut popularisé par un célèbre programme télévisé, *Father Ted*.

FECKIN IRISH WHISKEY ►
BLEND 40 % VOL.
Élaboré à partir de whiskey produit par Cooley, c'est un blend léger, accessible, anodin. Un whiskey clairement jeune, qui manque beaucoup de profondeur.

FETTERCAIRN

Écosse

Fettercairn, Laurencekirk, Kincardineshire

Tandis que le flanc nord-est des monts Grampians fourmille de distilleries se propageant jusqu'aux rives de la Spey, le versant sud est dépeuplé, Fettercairn étant le dernier site existant. Cette distillerie fut fondée en 1824 dans une ferme de la propriété Fasque, rachetée par Sir John Gladstone, père du Premier ministre victorien William Gladstone. L'entreprise resta entre les mains de la famille jusqu'en 1939, puis elle subit plusieurs rachats, reventes, et fermetures provisoires. Aujourd'hui, Fettercairn appartient à Whyte & Mackay, mais leur priorité reste Dalmore et Jura.

◄ FETTERCAIRN 12 ANS

SINGLE MALT : HIGHLANDS
40 % VOL.

Un nez relativement fermé offrant un arôme de noix et de caramel toffee en bouche, s'asséchant sur la finale.

FORTY CREEK

Canada
Kittling Ridge Distillery,
Grimsby, Ontario
www.fortycreekwhisky.com

Kittling Ridge reçut en 2008 le titre de « Canadian Distillery of the Year » par le magazine *Whisky*. La méthode de production de cette distillerie est inhabituelle : des pot stills et des alambics à colonne sont utilisés, et le mashbill est composé de seigle, d'orge et de maïs. Fondée en 1970 sur le site d'un vignoble réputé, la distillerie fut conçue pour fabriquer de l'eau-de-vie. John Hall, propriétaire depuis 1992, utilise les alambics de vinification en expliquant : « Je suis moins attaché à la tradition que je ne suis inspiré par elle. »

FORTY CREEK
BARREL SELECT ▶
BLEND 40 % VOL.
Nez complexe avec des fruits doux, du chèvrefeuille, de la vanille et des épices. Le palais est similaire au nez et la finale onctueuse avec des notes de fruits et de vanille persistantes.

FOUR ROSES

États-Unis
1224 Bond Mills Road,
Lawrenceburg, Kentucky
www.fourroses.us

Bâtie en 1910 dans un style colonial espagnol, la distillerie Four Roses située près de Lawrenceburg doit son nom à la marque commercialisée à l'origine en 1888 par Paul Jones Jr, né en Géorgie. La légende raconte que la fiancée de ce dernier portait un corsage brodé de quatre roses symbolisant son souhait de l'épouser, ce qui donna son nom au bourbon.

◄ FOUR ROSES SMALL BATCH
BOURBON 45 % VOL.
Doux et raffiné sur le nez, avec de la noix de muscade et du miel. Vif et riche sur le palais bien équilibré, arômes d'épices, de fruits et de miel. La finale est longue et subtile, avec des notes de vanille se développant peu à peu.

FOUR ROSES SINGLE BARREL
BOURBON (TENEUR EN ALCOOL VARIABLE)
Nez riche, complexe, marqué par le malt, les fruits, les épices et le fudge. Long et moelleux en bouche, avec de la vanille, du chêne et un soupçon de menthol. La finale est longue, épicée et moelleuse.

FRYSK HYNDER

Pays-Bas
Us Heit distillery, Snekerstraat 43,
8701 XC Bolsward, Friesland
www.usheitdistillery.nl

Us Heit (terme frison pour « Notre Père ») fut fondée en 1970, il s'agissait alors d'une brasserie. En 2002, le propriétaire, Aart van der Linde, décida de se lancer dans la distillation du whisky en utilisant l'orge d'une meunerie locale. Cette variété d'orge, utilisée dans la fabrication de la bière Us Heit, est maltée à la distillerie. Un single malt 3 ans d'âge, Frysk Hynder, est commercialisé en édition limitée depuis 2005. Le vieillissement des whiskies se fait dans différents types de fûts, des fûts de bourbon usagés aux fûts de vin ou de sherry.

FRYSK HYNDER
SHERRY MATURED ▶
SINGLE MALT 43 % VOL.
Doux et très souple pour un jeune whisky. Riche en goût, avec un agréable corps plein et des notes de sherry distinctes.

GEORGE DICKEL

États-Unis
1950 Cascade Hollow Road,
Normandy, Tennessee
www.dickel.com

Avec Jack Daniel, George Dickel est la dernière grande distillerie légale du Tennessee – il y a un siècle, cet État hébergeait environ 700 lieux de production du whiskey.

L'entreprise Dickel partit pour le Kentucky au début de la prohibition en 1910, mais retrouva ses racines dans une nouvelle distillerie proche de son site d'origine.

◀ GEORGE DICKEL NO. 12
TENNESSEE WHISKEY 45 % VOL.
Le nez est aromatique, avec des fruits, du cuir, du caramel, du charbon et de la vanille. Le palais est riche, avec du seigle, du chocolat, des fruits et de la vanille. La finale offre des notes de toffee et de chêne.

GEORGE DICKEL BARREL SELECT
TENNESSEE WHISKEY 43 % VOL.
Les arômes de maïs, miel, caramel et noix évoluent vers un corps plein avec de la vanille, des épices et des noix. La finale crémeuse dégage des saveurs d'amandes et d'épices.

GEORGE T. STAGG

États-Unis

Buffalo Trace Distillery,
1001 Wilkinson Boulevard,
Frankfort, Kentucky
www.buffalotrace.com

Appartenant à la gamme Buffalo Trace Antique Collection, le George T. Stagg doit son nom à l'ancien propriétaire de la distillerie Buffalo Trace. Au début des années 1880, la distillerie appartenait à Edmund Haynes Taylor Jr. Au cours d'une période difficile, il contracta un emprunt auprès de son ami Stagg, qui, plus tard, saisit la garantie de Taylor et récupéra l'entreprise par la même occasion.

GEORGE T. STAGG
2008 EDITION ▶
BOURBON 72,4 % VOL.

Distillé en 1993, ce whiskey très alcoolisé offre un nez riche de caramel dur, pâte d'amande, chêne doux et cerises confites. Le palais est marqué par du maïs, des grains de café torréfiés, du cuir, des épices et du chêne affiné, avec une longue finale de toffee et d'épices.

GEORGIA MOON

États-Unis
Heaven Hill Distillery,
1701 West Breckinridge Street,
Louisville, Kentucky
www.heaven-hill.com

Le whiskey de maïs est distillé à partir d'un moût fermenté comprenant au moins 80 % de maïs, la durée de vieillissement n'est pas imposée par la législation. Le Georgia Moon d'Heaven Hill est un des whiskeys de maïs les plus célèbres. Avec une étiquette précisant que le contenu est âgé de moins de 30 jours, et une version proposée dans un bocal à conserve, le Georgia Moon revient au bon vieux temps de la fabrication du *moonshine*.

◄ **GEORGIA MOON**
CORN WHISKEY 40 % VOL.
Le nez présente un départ de liqueur amère, suivie d'un parfum de maïs. Le palais évoque de l'eau de choux et des prunes. La finale est courte. Il ne faut pas s'attendre à un whiskey exceptionnel.

GIRVAN

Écosse
Grangestone Industrial Estate, Girvan, Ayrshire

La distillerie fut fondée en 1964 par William Grant & Sons pour fournir du whisky de grain entrant dans la composition de blends. Elle comprend désormais un complexe de distillation du whisky de grain, une distillerie de gin et une de single malt, Ailsa Bay, ouverte récemment. Le whisky de Girvan est rarement embouteillé par les propriétaires comme un single grain, certaines éditions limitées d'embouteillages indépendants sont parfois commercialisées. Les vieux whiskies sont caractérisés par la dominante de maïs, l'âge les adoucit, ils deviennent délicats et raffinés, et présentant une délicieuse complexité.

GIRVAN 1964 ▶
SINGLE GRAIN 43 % VOL.
Nez de vanille douce et une sensation crémeuse. Caramel doux et salé sur le palais, avec une note de banane mûre.

GLEN BRETON

Canada
Glenora Distillery, Route 19,
Glenville, Cape Breton, Nova Scotia
www.glenoradistillery.com

C'est la seule distillerie de malt canadienne. Cape Breton a un héritage culturel écossais riche, mais la Scotch Whisky Association a estimé que le nom sonnait un peu trop « scotch ».

La production débuta en 1990 et s'interrompit quelques semaines après par manque de fonds. Lauchie MacLean racheta la distillerie et redistilla de l'alcool inconsistant, jeune, et l'embouteilla à 8 ou 9 ans d'âge. Glenora a ses propres aires de maltage, elle utilise de l'orge écossaise qu'elle tourbe légèrement. Les deux alambics sont fabriqués par Forsyths of Rothes.

◄ **GLEN BRETON RARE**
SINGLE MALT 43 % VOL.
Nez de caramel, de bruyère, de gingembre et de miel. Corps moyen à léger, avec une sensation en bouche crémeuse et des notes de bois, d'amande, de caramel et de tourbe.

GLEN DEVERON

Écosse
Macduff Distillery, Banff, Aberdeenshire

Glen Deveron est le nom du single malt de la distillerie Macduff. Cette distillerie fut fondée en 1962 par un consortium dirigé par la famille Duff. La plupart du malt produit est utilisée dans l'élaboration de blends, notamment dans le William Lawson's, dont les propriétaires ont acheté la distillerie en 1972. Depuis, Macduff a changé deux fois de propriétaires, ses alambics sont passés au nombre de cinq, et elle appartient désormais à Bacardi. Plusieurs whiskies d'âge différents sont produits, et, comme pour créer la confusion, certains embouteillages indépendants sont parfois vendus sous le nom de Macduff.

GLEN DEVERON 10 ANS ▶
SINGLE MALT : HIGHLANDS
40 % VOL.
Bien que décrit comme un « Pure Highland Single Malt » sur l'étiquette, il s'agit plutôt d'un whisky classique, net, et doux, plus proche de ceux de la Speyside.

GLEN ELGIN

Écosse
Longmorn, Morayshire
www.malts.com

La distillerie fut fondée en 1898, à une époque où les assembleurs étaient en demande de malts de la Speyside, mais le boom spéculatif provoqua la récession deux ans plus tard. Durant ses 30 premières années d'existence, la production à Glen Elgin fut intermittente et les propriétaires nombreux.

Après avoir passé de nombreuses années à n'apparaître que dans des blends (notamment White Horse), la distillerie commercialisa son tout premier embouteillage en 1977.

◄ GLEN ELGIN 12 ANS
SINGLE MALT : SPEYSIDE
43 % VOL.

C'est l'un des malts les plus floraux et parfumés de la Speyside, avec un arôme de noix et de miel, et une saveur équilibrée allant du doux vers le sec.

GLEN ELGIN 16 ANS
SINGLE MALT : SPEYSIDE
58,5 % VOL.

Ce 16 ans d'âge est un malt brut de fût non filtré à froid dégageant un arôme de cake aux fruits, issu des années de maturation en chêne pédonculé.

GLEN GARIOCH

Écosse
Oldmeldrum, Inverurie,
Aberdeenshire
www.glengarioch.com

La distillerie fut fondée en 1798, mais son premier embouteillage de single malt ne fut commercialisé qu'en 1972. Jusque-là, sa pérennité était due à son succès auprès des assembleurs.

Glen Garioch appartient désormais à Morrison Bowmore, qui embouteille la plupart, si ce n'est la totalité, de la production limitée de la distillerie en tant que single malt dans une gamme de différents âges, de 8 à 21 ans.

GLEN GARIOCH 15 ANS ▶
SINGLE MALT : HIGHLANDS
43 % VOL.
Nez floral, de bruyère, avec des notes de thé Lapsang. Arôme malté sur le palais s'asséchant en une finale épicée.

GLEN GARIOCH 21 ANS
SINGLE MALT : HIGHLANDS
43 % VOL.
Un malt onctueux, bien rond, à la texture savoureusement sirupeuse, et un caractère moelleux de fruits mûrs qui rappellent l'influence des fûts de sherry.

GLEN GRANT

Écosse
Rothes, Morayshire
www.glengrant.com

Glen Grant, bâtie en 1840, est l'une des cinq distilleries de Rothes. Le site était idéal : le ruisseau Glen Grant fournissant l'eau et l'énergie pour les machines ; et les champs d'orge tout proches, à Moray, fournissant les céréales.

Passée sous la direction de Pernod Ricard entre 2001 et 2006, la distillerie appartient désormais au groupe italien Campari. Si la marque est discrète en Écosse, elle fait partie des cinq marques de malts les plus vendues au monde.

◄ GLEN GRANT SINGLE MALT
SINGLE MALT : SPEYSIDE
40 % VOL.
Léger, éthéré et floral sur le nez. Sec au début sur le palais, il s'adoucit et développe des arômes de noix. La finale est herbeuse.

GLEN GRANT 10 ANS
SINGLE MALT : SPEYSIDE
40 % VOL.
Un nez sec avec un parfum de fruits du verger. Corps moyen à léger, avec un arôme de noix et de céréale.

GLEN KEITH

Écosse
Keith, Banffshire

Après avoir acheté Strathisla en 1950, Seagram bâtit sept ans plus tard la distillerie Glen Keith sur le site d'un ancien moulin à grains. Les deux distilleries, basées à Keith, furent incluses à la branche whisky de Seagram, Chivas Brothers (actuel Pernod Ricard). Elles avaient la même fonction : approvisionner les meilleures marques de la société. Au début de son existence, Glen Keith pratiquait la triple distillation, puis elle informatisa la fabrication du whisky à une époque où certaines distilleries venaient à peine d'être reliées au réseau électrique national.

Glen Keith ferma en 2000 ; des embouteillages indépendants sont encore disponibles, mais le 10 ans d'âge se fait de plus en plus rare.

GLEN KEITH 10 ANS ▶
SINGLE MALT : SPEYSIDE
43 % VOL.
Mêle des arômes herbeux de la Speyside et une douceur de toffee sur la langue.

GLEN ORD

Écosse
Muir of Ord, Ross-shire
www.malts.com

Malgré son nom, Glen Ord (*glen* signifiant « vallée ») est située sur les plaines de Black Isle, au nord d'Inverness. Elle fut fondée en 1838, près du site supposé de Ferintosh, une distillerie établie dans les années 1670. En 1923, Glen Ord fut rachetée par John Dewar & Sons, puis elle rejoignit le groupe DCL.

Avec six alambics et une production de 3,4 millions de litres par an, elle peut se permettre de produire un single malt. Celui-ci fut commercialisé sous différents noms, Ord, Glenordie et Muir of Ord, selon les époques. Les embouteillages récents sont baptisés The Singleton of Ord, et visent le marché américain.

◄ GLEN ORD 12 ANS
SINGLE MALT : HIGHLANDS
43 % VOL.
Malt aux parfums d'agrumes et d'écorce d'orange, avec un goût de pomme et des notes de gingembre sur la finale.

GLEN SCOTIA

Écosse
Campbeltown, Argyll
www.lochlomonddistillery.com

Nichée au bout de la péninsule Mull of Kintyre, Campbeltown, baptisée « Whiskyopolis », a su faire parler d'elle – sa période de croissance s'est achevée par une crise économique. Parmi les distilleries ayant survécu à cette chute, on compte Springbank, à laquelle les amateurs vouent un véritable culte, et Glen Scotia, moins connue. Avec ses deux alambics, l'« autre » distillerie de Campbeltown fut fondée dans les années 1830 par la famille Galbraith, qui conserva sa direction jusqu'à la fin du siècle. Après des changements de propriétaires, la distillerie fut rachetée par Glen Catrine (Loch Lomond Distillers) en 1994.

GLEN SCOTIA 12 ANS ▶
SINGLE MALT : CAMPBELTOWN
40 % VOL.
Cet embouteillage remplace le 8 ans d'âge. Arôme épicé avec des notes plus douces et plus riches sur le palais.

GLEN SPEY

Écosse
Rothes, Aberlour, Banffshire
www.malts.com

James Stuart était un distillateur chevronné qui avait travaillé chez Macallan et participé à la fondation de la distillerie Glenrothes en 1878. Quelques années plus tard, il transforma un moulin d'avoine qui lui appartenait en une distillerie, Glen Spey, face à Glenrothes, sur la rive opposée du Rothes. Le projet donna lieu à des querelles sur le partage de l'eau. En 1887, Glen Spey fut vendue au distillateur de gin Glibey, basé à Londres, qui fusionna ensuite avec Justerini & Brooks. Depuis, le blend J&B contient du Glen Spey. L'actuel propriétaire, Diageo, ne propose qu'un seul embouteillage, dans sa gamme Flora & Fauna.

◄ GLEN SPEY FLORA & FAUNA 12 ANS
SINGLE MALT : SPEYSIDE
43 % VOL.
Un nez léger, herbeux et un arôme de noix. Très sec, avec une finale courte.

GLENALLACHIE

Écosse
Aberlour, Banffshire

Cette distillerie moderne à écoulement gravitaire fut construite en 1967 par une filiale du géant écossais Scottish & Newcastle Breweries. Les plans furent confiés à l'architecte William Delmé-Evans, qui avait déjà conçu les sites de Tullibardine et Jura, dont il était aussi en partie propriétaire. Avec une capacité de production de 2,8 millions de litres d'alcool pur par an, la distillerie commercialise peu de single malts, la majeure partie du whisky étant destinée aux blends. Seuls quelques embouteillages indépendants d'un brut de fût 16 ans d'âge ont été mis sur le marché par les actuels propriétaires, Chivas Brothers (Pernod Ricard).

GLENALLACHIE
16 ANS 1990 ▶
SINGLE MALT : SPEYSIDE
56,9 % VOL.
Un whisky sombre, lourd en sherry, vieilli dans des fûts neufs d'oloroso ; très rare.

GLENBURGIE

Écosse
Glenburgie, Forres, Morayshire

Glenburgie fut fondée en 1829 sous le nom de Kilnflat ; elle fut renommée en 1878, et, après des changements de propriétaires, elle fut rachetée par Hiram Walker, basée au Canada, dans les années 1930. Dès lors, le rôle essentiel de la distillerie consistait à fournir du whisky pour le Ballantine's Finest. Pourtant, en 1958, avant que la Speyside ne se tourne vers les single malts, Glenburgie vendit son premier embouteillage sous le nom de Glencraig. En 2004, les nouveaux propriétaires, Allied Distillers, investirent 4,3 millions de livres dans le Glenburgie. La distillerie fut totalement rénovée, seuls les alambics et le matériel de broyage furent conservés.

◄ GLENBURGIE 15 ANS
SINGLE MALT : SPEYSIDE
46 % VOL.
Apparenté aux whiskies fruités de la Speyside, avec une texture savoureuse et des notes de prunes en compote.

GLENCADAM

Écosse
Brechin, Angus
www.glencadamdistillery.co.uk

Après la fermeture de Lochside en 2005, Glencadam devint la seule distillerie existante à Angus. Fondée en 1825 par George Cooper, elle resta privée, malgré les changements de propriétaires, jusqu'en 1954, lorsqu'elle fut rachetée par Hiram Walker, puis par Allied Distillers. La pérennité des distilleries de la Speyside réside dans leur nombre, mais Glencadam souffrait d'isolation croissante. Elle ferma en 2000, victime de la surproduction générale, et les perspectives d'avenir étaient sombres. Elle fut toutefois reprise en 2003 par Angus Dundee (*voir* p. 17).

GLENCADAM 10 ANS ▶
SINGLE MALT : HIGHLANDS
46 % VOL.

Le nez est frais et herbeux, avec des notes d'agrumes et de chêne épicé. Rond sur le palais, rafraîchissant, évoquant les agrumes. Bien équilibré, avec une longue finale.

GLENDRONACH

Écosse

Forgue, Huntly, Aberdeenshire

Cette distillerie est étroitement liée à celle d'Ardmore, elle participe aussi à l'élaboration du Teacher's Blend. William Teacher & Sons achetèrent Glendronach en 1960 seulement, mais l'entreprise s'approvisionnait en whisky de Glendronach depuis des années. Teacher's fut ensuite racheté par Allied Distillers, et Glendronach fut choisie en 1991 pour faire partie des « Caledonian Malts », riposte tardive de la société aux Classic Malts d'UDV. Dix ans plus tard, après cinq ans de fermeture, la distillerie ouvrit à nouveau. Les single malts étaient alors moins chargés en tourbe et vieillis dans des fûts de bourbon en chêne américain, plutôt que dans des fûts de sherry.

◄ GLENDRONACH 12 ANS
SINGLE MALT : SPEYSIDE
40 % VOL.
Ce malt dense, lourd en sherry, remplace le 15 ans d'âge. Adapté à la dégustation en fin de repas.

GLENDULLAN

Écosse
Dufftown, Keith, Banffshire
www.malts.com

Lorsque William Williams & Sons, assembleurs basés à Aberdeen, fondèrent cette distillerie, il y en avait déjà six à Dufftown. Les travaux de construction débutèrent en 1897 et, cinq ans plus tard, le whisky obtenait un brevet de fournisseur de la cour par le roi Edward VII. Depuis, la distillerie n'a produit que du whisky destiné à l'élaboration de blends, il était notamment le composant essentiel du blend de luxe Old Parr. Dans les années 1960, une nouvelle distillerie fut bâtie juste à côté, et, pendant 20 ans, les deux sites de Glendullan travaillèrent en collaboration. Aujourd'hui, seule la nouvelle distillerie fonctionne encore.

GLENDULLAN FLORA & FAUNA 12 ANS ▶
SINGLE MALT : SPEYSIDE
43 % VOL.
Un malt rafraîchissant, idéal en apéritif, avec un palais étonnamment doux.

GLENFARCLAS

Écosse
Ballindalloch, Banffshire
www.glenfarclas.co.uk

La distillerie familiale la plus ancienne d'Écosse appartient aux Grant depuis 1865, année où John Grant et son fils George reprirent Rechlarich, une ferme située près de Ballindalloch. La distillerie fut alors sous-louée à John Smith, de Glenlivet. Cinq ans plus tard, Smith quitta Rechlarich pour fonder la distillerie Cragganmore, et les Grant récupérèrent la première distillerie. Elle se développa vite entre les mains de la famille, puis devint la société de distilleries Glenfarclas-Glenlivet, en partenariat avec

◄ GLENFARCLAS 105
SINGLE MALT : SPEYSIDE
60 % VOL.
Un brut de fût 10 ans d'âge. L'eau atténue l'attaque fougueuse et fait ressortir le caractère doux, épicé et de noix.

GLENFARCLAS 10 ANS
SINGLE MALT : SPEYSIDE
40 % VOL.
Ce whisky riche, malté, avec un nez fumé aromatique rappelle les Highlands.

les frères Pattison de Leith, menacés par la faillite au XIXe siècle.

Entourée de 10 grands entrepôts à rayonnages, Glenfarclas ne compte plus depuis longtemps parmi les petites distilleries. Elle est la première à avoir commercialisé un brut de fût : le Glenfarclas 105, en 1968. À l'époque, l'industrie du whisky doutait fortement qu'un single malt, titrant à environ 60 % d'alcool pur, ait du succès.

Récemment, Glenfarclas présenta une gamme de 10 millésimes, datant de 1952 à 1989. Le style des whiskies est corsé, typique de la Speyside, plus proche des cuves de sherry que des tonneaux de bourbon.

GLENFARCLAS 12 ANS ▶
SINGLE MALT : SPEYSIDE
43 % VOL.
Un nez de sherry distinct, avec des arômes épicés de cannelle et de compote de fruits.

GLENFARCLAS 15 ANS
SINGLE MALT : SPEYSIDE
46 % VOL.
Décrit par l'écrivain Dave Broom comme un « George Melly dans un verre » pour son extravagance fruitée, excessive. Très parfumé, puissant et lourd en sherry.

GLENFIDDICH

Écosse
Dufftown, Keith, Banffshire
www.glenfiddich.com

Avec un modeste salaire à la distillerie Mortlach, William Grant se priva longtemps pour rassembler les fonds nécessaires à la création de Glenfiddich en 1886. Il utilisa les pierres de la rivière Fiddich et acheta des alambics à Cardhu pour produire son premier spiritueux en 1887. Glenfiddich se développa peu à peu pour devenir la plus grande distillerie de malt du monde. À la mort de William Grant, en 1923, l'entreprise produisait déjà

◄ GLENFIDDICH 12 ANS

SINGLE MALT : SPEYSIDE
40 % VOL.

Un whisky doux, de type apéritif, avec un arôme malté et herbeux, et une douceur vanillée. Assez souple.

GLENFIDDICH 15 ANS SOLERA RESERVE

SINGLE MALT : SPEYSIDE
40 % VOL.

Après avoir vieilli 15 ans dans des fûts de chêne américain, ce whisky est affiné dans des fûts espagnols, ce qui lui donne des arômes de fruits frais et d'épices.

ses propres blends, vendus aussi loin qu'en Australie et au Canada. Elle fut aussi pionnière dans l'actuel marché des single malts dans les années 1960 – il n'existait aucune marque importante avant Glenfiddich.

Aujourd'hui, 29 alambics fonctionnent sur le site, dont la capacité annuelle de production est de 10 millions de litres d'alcool pur. Si ce chiffre est surpassé par la nouvelle distillerie de Diageo, Roseisle, près d'Elgin, Glenfiddich reste le whisky de malt le plus populaire au monde, et cette position de leader mondial n'est pas près de changer.

GLENFIDDICH 18 ANS SOLERA RESERVE ▶

SINGLE MALT : SPEYSIDE
40 % VOL.

Un cran au-dessus du 12 ans d'âge, avec des arômes de fruits exotiques mûrs, une agréable douceur de chêne, et une trace de sherry.

GLENFIDDICH 21 ANS CARIBBEAN RUM CASK

SINGLE MALT : SPEYSIDE
40 % VOL.

Malt riche, aux arômes de toffee, avec des saveurs de banane, de caramel, d'épices et de chocolat à l'orange.

La route du whisky: la Speyside

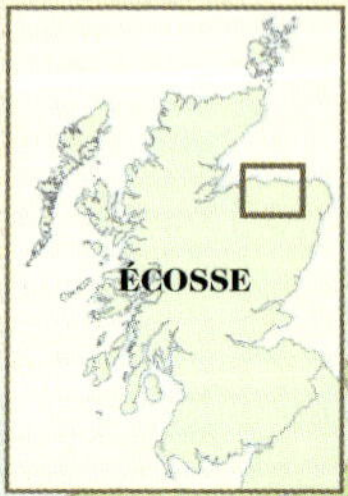

La vallée de la rivière Spey abrite la plus grande concentration de distilleries au monde. Là fut créé le concept de la route touristique du whisky, lorsque William Grant & Sons ouvrirent les portes de Glenfiddich au public en 1969. Aujourd'hui, deux festivals de whisky ont lieu dans la Speyside, en septembre et en mai. Pour l'hébergement, les amateurs ont leurs adresses favorites : le Highlander Inn à Craigellachie et The Mash Tun à Aberlour.

JOUR 1 : GLENFIDDICH, THE BALVENIE

❶ La route débute à **Glenfiddich**, située à Dufftown. On y propose une visite gratuite ou une option de visite avec davantage de dégustations, moyennant un supplément ; pensez à réserver pour cette seconde visite qui dure 2 h 30.

THE BALVENIE

❷ Après un déjeuner à Glenfiddich, rendez-vous à la distillerie voisine, **The Balvenie**. Ici, la visiste dure 3 heures – et doit être réservée. Elle comprend les aires de maltage et la dégustation de crus en exclusivité.

JOUR 2 : TONNELLERIE, ABERLOUR, THE MACALLAN, CARDHU

❸ Commencez par visiter la tonnellerie **Speyside Cooperage**. Un film y présente la fabrication de fûts et vous pouvez observer les tonneliers à l'œuvre.

FÛTS À ABERLOUR

❹ L'étape suivante est la **distillerie Aberlour** – là encore, il est indispensable de réserver. La visite s'achève par une dégustation et la possibilité d'embouteiller son propre whisky.

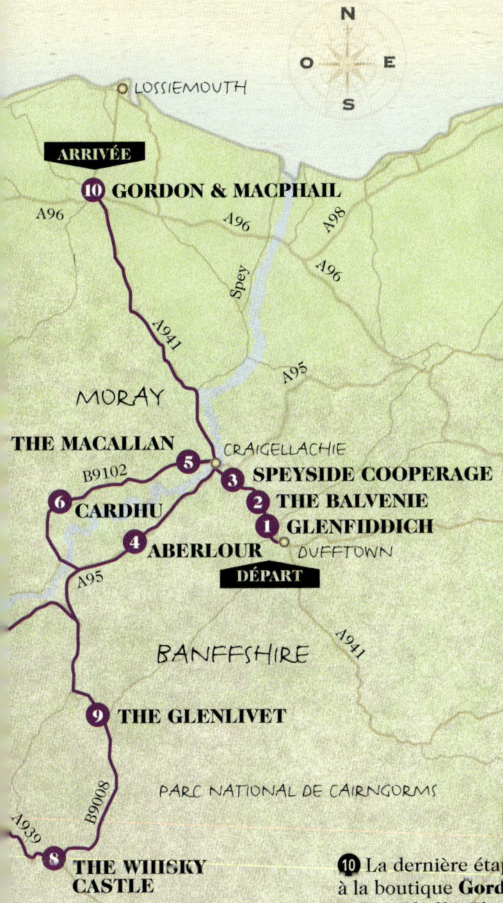

5 Enjambez la rivière Spey, admirez le pont Thomas Telford (1812) puis prenez la B9102 vers **The Macallan**. La visite « Precious Tour » est à réserver, elle propose un cours de *nosing*, et la dégustation de whiskies de la maison.

6 La distillerie **Cardhu** est située un peu plus loin sur la B9102. La visite peut s'effectuer sans réservation. Le malt produit ici entre dans la composition des blends Johnnie Walker.

JOUR 3 : GRANTOWN-ON-SPEY, THE WHISKY CASTLE, THE GLENLIVET, GORDON & MACPHAIL

7 **Grantown-on-Spey** marque l'entrée dans le parc national de Cairngorms. Profitez-en pour vous rendre au whisky shop situé à High Street, le Wee Spey Dram.

8 À l'est de Grantown-on-Spey, dirigez-vous vers Tomintoul, où la boutique **The Whisky Castle** propose une excellente sélection de malts écossais.

9 Avant le départ, inscrivez-vous sur le site de **The Glenlivet** en tant que « Guardian », vous aurez ainsi accès à des pièces secrètes où vous pourrez déguster des whiskies exceptionnels. La visite gratuite permet de découvrir la distillerie légale la plus ancienne de la Speyside ; pour les inconditionnels, la distillerie propose une formation, Whisky School, de trois jours.

SÉJOUR TOURISTIQUE

JOURS : 3
DISTANCE : 145 km
TRANSPORT : voiture, bus, taxi
DISTILLERIES : 8

10 La dernière étape conduit à la boutique **Gordon & MacPhail** à Elgin. Vous y trouverez tous les whiskies, des bouteilles rares, et vous pourrez profiter de prix sur les embouteillages de G&M issus de leurs propres stocks de whiskies.

GORDON & MACPHAIL

GLENGOYNE

Écosse

Dumgoyne, Stirlingshire
www.glengoyne.com

Avant la promulgation d'une loi sur la diminution des taxes en 1823, on comptait au moins 18 distilleries clandestines dans les Campsie Fells, une région du Stirlingshire. George Connell était probablement un trafiquant, avant d'acquérir une licence en 1833 pour la distillerie Burnfoot. Celle-ci prit le nom de Glenguin, puis de Glengoyne en 1905.

◄ GLENGOYNE 10 ANS
SINGLE MALT : HIGHLANDS
40 % VOL.

Ce whisky non tourbé présente un arôme net, herbeux, avec une douceur de noix se développant sur le palais.

GLENGOYNE 12 ANS CASK STRENGTH
SINGLE MALT : HIGHLANDS
57,2 % VOL.

Non filtré à froid et embouteillé brut de fût, ce 12 ans d'âge offre un nez doux, avec des notes de bruyère, de bonbon à la poire et à la banane, et de pâte d'amande. Malté et céréalier sur le palais, agrémenté de poivre noir.

La distillerie fut ensuite rachetée par la société d'assemblage Lang Brothers, qui fut elle-même rachetée dans les années 1960 par Robertson & Baxter, aujourd'hui Edrington.

En 2001, un nouveau whisky Glengoyne fut commercialisé, le premier ayant vieilli en fûts de chêne écossais. Deux ans plus tard, la distillerie fut vendue à l'assembleur et embouteilleur Ian MacLeod & Co. Depuis, le nombre de single malts produits par Glengoyne a explosé, et la gamme de base comprend désormais des single casks.

GLENGOYNE 21 ANS ►
SINGLE MALT : HIGHLANDS
43 % VOL.
Désormais entièrement vieilli en fûts de sherry neufs, c'est un malt riche, idéal en fin de repas, avec des notes de brandy, de cannelle, et d'épices douces.

GLENGOYNE 17 ANS
SINGLE MALT : HIGHLANDS
43 % VOL.
Nez riche, de sherry, avec des arômes de pudding de Noël ; arômes de caramel et de toffee, avec des notes d'agrumes.

GLENKINCHIE

Écosse
Pencaitland, Tranent, East Lothian
www.malts.com

Les terres du sud d'Édimbourg furent décrites par Robert Burns comme « la plus belle région de culture céréalière jamais vue ». C'est là, à Pencaitland, que John et George Rate fondèrent Glenkinchie en 1825.

L'année 1988 fut mémorable, car le Glenkinchie 10 ans fut retenu par Diageo pour faire partie des Classics Malts originaux. D'autres versions furent produites il y a peu, et le 10 ans d'âge fut remplacé par le 12 ans d'âge.

◄ GLENKINCHIE 12 ANS
SINGLE MALT : LOWLANDS
43 % VOL.
Le nez révèle un arôme doux, herbeux et un léger soupçon de fumée. En bouche se développe un goût céréalier franc, avec une touche d'épice sur la fin.

GLENKINCHIE 20 ANS
SINGLE MALT : LOWLANDS
58,4 % VOL.
Vieilli en fûts de bourbon puis dans des tonneaux de cognac, le 20 ans a une texture ronde et savoureuse, et des arômes de fruits en compote épicés.

GLENLIVET

Écosse
Ballindalloch, Banffshire
www.theglenlivet.com

Au début du XIXe siècle, la vallée de la Livet était un lieu de contrebande d'alcool – quelque 200 distilleurs y auraient exercé clandestinement. Parmi eux se trouvait George Smith, qui prit une licence en 1824 et nomma sa distillerie Glenlivet. Sa soudaine légalité lui fit d'ailleurs risquer quelques représailles.

Smith commença son activité en fournissant du whisky à Andrew Usher à Édimbourg, qui embouteilla en 1853 un prototype de blend, ☛

THE GLENLIVET 12 ANS ▶
SINGLE MALT : SPEYSIDE
40 % VOL.
Un whisky d'agrumes et de bruyère, avec un parfum de bois frais et de fruit doux, un corps léger à moyen et une finale nette.

THE GLENLIVET FRENCH OAK RESERVE 15 ANS
SINGLE MALT : SPEYSIDE
40 % VOL.
Plus onctueux et riche que le 12 ans, avec un arôme malté et de fraises à la crème, mêlé à quelques notes d'épices.

GLENLIVET

☛ l'Old Vatted Glenlivet. Vers la fin du XIXe siècle, les blends écossais avaient du succès, et la demande en malts de type Glenlivet, destinés à élaborer les blends, crût de façon considérable. Cela incita certains distillateurs de la vallée de la Spey à emprunter le nom de Glenlivet pour attirer les assembleurs.

L'actuel propriétaire de Glenlivet, le géant français Pernod Ricard, maintient ses malts sur le devant de la scène. Un plan d'extension a récemment accru sa capacité de production annuelle à 10 millions de litres, autant qu'à Glenfiddich.

◄ THE GLENLIVET XXV
SINGLE MALT : SPEYSIDE
43 % VOL.
Ce 25 ans d'âge est à déguster en fin de repas. Malt d'une extrême complexité, avec des arômes d'écorce d'orange confite et de raisins secs et un caractère intense de noix et d'épices.

THE GLENLIVET 18 ANS
SINGLE MALT : SPEYSIDE
43 % VOL.
Plus profond et au caractère plus prononcé que le 12 ans d'âge. Parfumé, mielleux, et s'asséchant sur la longue finale de noix.

GLENLOSSIE

Écosse
Elgin, Morayshire
www.malts.com

Glenlossie fut fondée en 1876 par John Duff, l'ancien directeur de Glendronach, et fut rachetée par DCL en 1919. Elle produisait du whisky de malt pour les blends, mais, au sein de l'industrie du whisky, la qualité de Glenlossie était appréciée, et compta bientôt parmi les 12 marques qualifiées de « top class ». Désormais, elle partage son site de production avec Mannochmore, une nouvelle distillerie construite en 1971.

Glenlossie commercialise depuis 1990 un 10 ans d'âge, et quelques embouteillages indépendants sont produits, par Gordon & MacPhail notamment.

GLENLOSSIE FLORA & FAUNA 10 ANS ►
SINGLE MALT : SPEYSIDE
43 % VOL.
Herbe, bruyère, avec une texture ronde et onctueuse, et une longue finale épicée.

GLENMORANGIE

Écosse
Tain, Ross-shire
www.glenmorangie.com

Glenmorangie n'était à l'origine qu'une vieille ferme, mais elle obtint une licence en 1834 grâce à William Matheson, qui travaillait pour Balblair. La production resta longtemps rustique – dans les années 1880, Alfred Barnard décrivit Glenmorangie comme la distillerie « la plus vieillie et la plus primitive jamais vue », « presque en ruines ».

Des investisseurs apportèrent enfin des fonds et la distillerie fut reconstruite. Durant la majeure partie du XXe siècle, le rôle de la distillerie consistait à fournir

◄ GLENMORANGIE ORIGINAL
SINGLE MALT : HIGHLANDS
40 % VOL.
Le plus célèbre des 10 ans d'âge. Arômes de miel et soupçon d'amande.

GLENMORANGIE 18 ANS
SINGLE MALT : HIGHLANDS
43 % VOL.
Un whisky riche, bien rond, avec des notes de fruits secs et une saveur de noix issue de l'affinage en cuves de sherry.

du whisky de malt pour les blends tels que James Martin's et Highland Queen. Puis, dans les années 1970, Glenmorangie se mit à faire vieillir du whisky pour produire un single malt 10 ans d'âge. À la fin des années 1990, ce single malt était le plus vendu en Écosse.

Les alambics de Glenmorangie sont hauts et minces, et produisent un alcool léger et pur. La distillerie a su associer cet alcool raffiné au bois et a même été pionnière dans la technique de finition bois. Après de longues expériences avec des tonneaux de bois exotiques, elle devint experte dans le vieillissement du whisky.

GLENMORANGIE 25 ANS ▶
SINGLE MALT : HIGHLANDS
43 % VOL.
Riche en arômes, ce whisky dégage des notes de fruits secs, de baies, de chocolat et d'épices. Intense et complexe.

GLENMORANGIE
NECTAR D'OR
SINGLE MALT : HIGHLANDS
46 % VOL.
Le caractère floral et mielleux, typique de Glenmorangie, donne un soupçon d'épice et de citron, issu des fûts de sauternes.

GLENROTHES

Écosse
Rothes, Morayshire
www.glenrotheswhisky.com

Après Dufftown, Rothes est la deuxième ville du whisky dans la Speyside, mais les distilleries y sont discrètes, comme Glenrothes, nichée dans un vallon au-delà du ruisseau Rothes.

Après sa fondation en 1878, Glenrothes se forgea une réputation parmi les assembleurs grâce à la qualité de son whisky. Il fallut attendre 1987 pour qu'elle puisse produire son premier single malt, un 12 ans d'âge. Elle eut d'abord

◄ THE GLENROTHES 1994
SINGLE MALT : SPEYSIDE
43 % VOL.
Un malt complexe, satisfaisant, avec un bouquet de parfums de fruits et de toffee qui mène vers un arôme acidulé et une longue finale douce.

THE GLENROTHES 1978
SINGLE MALT : SPEYSIDE
43 % VOL.
Rare, commercialisé en 2008. Notes de pudding de Noël et de sirop d'érable, avec une texture soyeuse et mielleuse, et une grande longueur.

des difficultés à se démarquer ; elle avait tardé à commercialiser son 12 ans d'âge, si bien que la rivalité entre les marques faisait déjà rage, surtout dans la Speyside.

Tout changea lorsque la distillerie produisit en 1994 le Glenrothes Vintage, un millésime qui eut du succès. Les propriétaires, les cavistes Berry Brothers & Rudd, comprirent que si les millésimes plaisaient aux amateurs de vins, ils plairaient aux amateurs de whisky de malt. En 2004, le Glenrothes Select Reserve fut produit pour créer une continuité dans la gamme des millésimes.

THE GLENROTHES SELECT RESERVE ▶
SINGLE MALT : SPEYSIDE
43 % VOL.
Comme le champagne non millésimé, ce produit est un assemblage de malt d'âges différents. Complexe, avec des notes de sucre d'orge, de fruits mûrs, de vanille et d'épices. Plus doux sur le nez qu'en bouche.

THE GLENROTHES 1975
SINGLE MALT : SPEYSIDE
43 % VOL.
Rare, ce millésime offre des arômes riches et développés : fruits en compote, toffee, chocolat amer et écorce d'orange. Finale satisfaisante et assez douce.

GLENTAUCHERS

Écosse
Mulben, Keith, Banffshire

La plupart des distilleries bâties à la fin de l'époque victorienne se sont développées dans l'espoir de trouver un marché parmi les assembleurs de whisky. En 1897, Glentauchers fut fondée pour fournir du whisky pour le blend de Buchanan's, qui devint premier des ventes sous le nom de Black & White. La distillerie est née d'une aventure commune entre James Buchanan et l'assembleur W. P. Lowrie, basé à Glasgow. Ils choisirent le site idéal, proche de la route menant à la voie ferrée reliant Aberdeen à Inverness. La distillerie appartient désormais à Pernod Ricard, et n'a pas changé de fonction : produire du whisky de malt pour les blends.

◄ GLENTAUCHERS GORDON & MACPHAIL 1991
SINGLE MALT : SPEYSIDE
43 % VOL.
Ce 16 ans d'âge embouteillé par Gordon & MacPhail présente un caractère doux de sherry, avec un arôme fumé subtil.

GLENTURRET

Écosse
Crieff, Perthshire
www.thefamousgrouse.com

La petite distillerie de Perthshire, déclarée en 1775, affirme être la plus ancienne d'Écosse. Glenturret est aujourd'hui réputée pour être à l'origine de The Famous Grouse (*voir* p. 119). Au centre des visiteurs, la Famous Grouse Whisky School propose une formation d'une journée sur le whisky de malt, ainsi qu'une visite de la distillerie et des entrepôts.

Le célèbre chat de Glenturret figure dans le *Guinness World Records* pour avoir tué quelque 30 000 souris entre 1963 et 1984.

GLENTURRET 10 ANS ►
SINGLE MALT : HIGHLANDS
40 % VOL.
Remplaçant le 12 ans d'âge, ce malt floral au parfum de vanille est la version principale de Glenturret.

GLENTURRET 14 ANS
SINGLE MALT : HIGHLANDS
59,7 % VOL.
Cette édition limitée de whisky brut de fût présente une douceur rappelant la mélasse, et des notes de réglisse.

GOLD COCK

République tchèque
Jelinek Distillery,
Razov 472, 76312 Vizovice
www.rjelinek.cz

La distillerie Jelinek fut fondée à la fin du XIXe siècle, et racheta ensuite la marque Gold Cock à la distillerie tchèque Tesetice, qui n'existe plus. Pour l'élaboration de ses deux versions – Red Feathers et 12 ans –, la distillerie utilise de l'orge de Moravie et de l'eau issue d'une source souterraine, riche en minéraux. Le type de fûts n'est pas précisé.

◄ **GOLD COCK RED FEATHERS**
BLEND 40 % VOL.
Léger et céréalier, légèrement métallique, et douceâtre.

GOLDEN HORSE

Japon
Toa Shuzo, Chichibu
www.toashuzo.com

La marque Golden Horse appartient toujours à Tao Shozu, la société qui possédait avant la distillerie Hanyu (*voir* Hanyu p. 175) ; les whiskies sont issus des derniers stocks restants de cette entreprise. Des embouteillages à 8, 10, et 12 ans sont disponibles. Ils sont assez rares sur le marché d'exportation, et à l'heure actuelle, on ne sait précisément ce qu'il adviendra de la marque Golden Horse une fois que les stocks de Toa Shozu auront été épuisés.

GOLDEN HORSE 8 ANS ▶
SINGLE MALT 40 % VOL.
Un nez assez vif avec quelques notes d'extrait de malt et un peu de chêne. Ce whisky de malt légèrement parfumé présente une douceur de base et une bouffée discrète de fumée sur la finale, mais certains embouteillages dégagent une touche acide tenace.

GOLDLYS

Belgique
Graanstokerij Filliers,
Leernsesteenweg 5, 9800 Deinze
www.filliers.be

Le distillateur Filliers fabrique du whisky de grain depuis 1880. En 2008, il créa la surprise dans le monde du whisky en sortant deux produits vieillis pendant de nombreuses années. Leur nom est issu de la rivière Lys, surnommée « rivière dorée » en raison du lin qui trempe dans son eau. Le Goldlys est composé de malt, de seigle et de maïs, il est distillé deux fois, d'abord dans un alambic à colonne puis dans un pot still – un procédé proche de celui utilisé dans l'élaboration du bourbon. L'alcool est ensuite vieilli dans d'anciens fûts de bourbon.

◀ GOLDLYS 10 ANS
WHISKY DE GRAIN MÉLANGÉ
40 % VOL.
Fruits doux et épicés, réglisse et une touche de bois. Un peu de poivre sur la finale courte et sèche.

GRAND MACNISH

Écosse
Propriétaire : Macduff International

L'histoire de cette marque débute en 1863 à Glasgow, lorsque Robert McNish (un « a » a été ajouté par la suite au nom), épicier, se passionna pour l'assemblage des whiskies.

Le Grand MacNish Original est un mélange de 40 whiskies qui suit la méthode d'assemblage de Robert McNish. La bouteille, de forme spécifique, est honorée de la devise du clan McNish : *« Forti nihil difficile »* (« Pour les plus forts, rien n'est difficile »).

GRAND MACNISH ORIGINAL ▶
BLEND 40 % VOL.
Vieux cuir et fruits frais, s'ouvrant sur un arôme rappelant le cognac. Doux sur le palais, avec de fortes influences de vanille (dues au bois). Une finale durable et évoluant, avec un léger goût de fumée.

GRAND MACNISH 12 ANS
BLEND 40 % VOL.
L'âge transparaît ici dans un arôme plus rond et plus complet, avec une intensité plus forte et une finale durable.

GRANT'S

Écosse

Propriétaire : William Grant & Sons

Cette société, résolument familiale, prospère dans la Speyside depuis 1887. Aujourd'hui, la famille est connue pour la distillerie Glenfiddich et ses parentes productrices de single malt, comme Balvenie, mais elle produit aussi un whisky, Kininvie, réservé aux assemblages. Elle a en outre bâti une distillerie de grain à Girvan et une nouvelle distillerie de single malt, Ailsa Bay, également dédiée aux assemblages.

◄ GRANT'S FAMILY RESERVE
BLEND 40 % VOL.
Un nez typique de la Speyside, avec des notes maltées fluctuantes. Une sensation en bouche ferme, la douceur banane-vanille est équilibrée par des notes maltées plus saisissantes. Net mais très complexe, avec une longue finale onctueuse.

GRANT'S 12 ANS
BLEND 40 % VOL.
Un mélange des single malts les plus raffinés, vieilli au moins 12 ans en fûts de chêne avant de subir un affinage en tonneaux de bourbon. Un scotch chaleureux, au corps plein et riche.

La société s'efforce de maintenir le contrôle sur ses stocks, à raison : le Grant's Family Reserve a passé la limite du million de caisses depuis 1979. Aujourd'hui, Grant's vend 4 millions de caisses de whisky par an et les distribue dans plus de 180 pays. Elle compte parmi les cinq premières marques de scotch au monde.

La gamme de blends évolue en permanence, mais la bouteille, symbole de cette société estimée, reste inchangée.

GRANT'S ALE CASK RESERVE ▶

BLEND 40 % VOL.

Grant's s'est aventuré avec succès dans les finitions bois particulières. Ce whisky écossais est le seul à être affiné dans des cuves précédemment remplies de bière, ce qui lui confère un goût crémeux, malté et mielleux unique.

GRANT'S SHERRY CASK RESERVE

BLEND 40 % VOL.

Élaboré de la même façon que l'innovante version Ale Cask, ce whisky est affiné dans des fûts de sherry d'oloroso espagnol, conférant un palais chaud, riche et fruité caractéristique.

GREEN SPOT

Irlande
Midleton Distillery, Midleton, County Cork

Les distillateurs ont longtemps laissé les entrepositaires tels que Mitchell's s'atteler à la besogne de la vente. Cette mauvaise stratégie laissait aux Écossais le soin d'édifier des marques internationales, tandis que les Irlandais s'accrochaient à un marché national restreint. Lorsque ces derniers revinrent dans la course dans les années 1960, le whiskey irlandais ne représentait que 1 % du marché international du whiskey. Green Spot est la dernière marque d'entrepositaire. Ce pure pot still, fabriqué à Midleton, appartient à Mitchell's, basé à Dublin.

◄ **GREEN SPOT**
PURE POT STILL 40 % VOL.
Le Green Spot est vieilli six à huit ans seulement. Pourtant la dégustation est vivifiante, avec une finale exceptionnelle, légèrement marquée par le sherry.

GREENORE SINGLE GRAIN

Irlande
Cooley Distillery, Riverstown,
Cooley, County Louth
www.cooleywhiskey.com

Greenore est le seul single grain irlandais en vente aujourd'hui. Distillé dans un alambic continu plutôt qu'en cuivre à feu ouvert, le whiskey de grain est plus léger au goût et plus rugueux dans le fond de la gorge. Il est donc souvent réservé aux assemblages. Il est distillé deux fois, puis vieilli en fûts de bourbon huit ans au moins.

GREENORE SINGLE GRAIN 8 ANS ▶
SINGLE GRAIN 40 % VOL.
Du crépitement des graines de lin sur le nez au mordant poivré des céréales, ce whiskey conquiert les papilles. Sur la finale, une étincelle subtile de chocolat de Bourneville râpé.

GREENORE SINGLE GRAIN 15 ANS
SINGLE GRAIN 43 % VOL.
Avec des notes de graines de lin plus prononcées, associées à une fraîcheur mentholée, ce whiskey raffiné tend vers la qualité d'un pot still whiskey.

GRÜNER HUND

Allemagne

Fleischmann, Bamberger Strasse 2,
91330 Eggolsheim-Neuses
www.fleischmann-whisky.de

La distillerie de cognac Fleischmann fut créée en 1980 sur le site d'une entreprise familiale comprenant une épicerie et un débit de tabac. En 1996, après 14 ans d'expérimentation sur la distillation du whisky, la société commercialisa son premier whisky. Sept malts single cask sont désormais disponibles – Blaue Maus, Spinnaker, Grüner Hund, Krottentaler, Schwarzer Pirat, Austrasier et Old Fahr – tous embouteillés à 40% vol.

◄ GRÜNER HUND
SINGLE MALT 40 % VOL.
Nez marqué par les amandes grillées et le cacao. Chocolat noir, piment et pain d'épice sur la langue, avec une finale sèche et moyennement longue.

GUILLON

France
Hameau de Vertuelle,
51150 Louvois, Champagne
www.whisky-guillon.com

La distillerie Guillon, située en Champagne-Ardennes, fut construite en 1997. La production, qui débuta en 1999, se distingue par l'utilisation de divers fûts de vins usagés pour le vieillissement de l'alcool. Pour la première période de vieillissement, le whisky est versé dans des fûts de bourgogne, puis il est affiné pendant six mois dans des fûts ayant contenu des vins doux comme du banyuls, du loupiac et du sauternes. La distillerie propose un embouteillage de première qualité titrant à 40% vol. Les différents single malts titrent à 42, 43, et 46% vol.

GUILLON NO. 1 ▶
SINGLE MALT 46 % VOL.
Fortement aromatique, fruité et raffiné, grâce à l'affinage atypique en fûts de vins doux.

HAIG

Écosse

Propriétaire : Diageo

On retrouve les origines de ce whisky au XVIIe siècle, la distillation étant alors réalisée dans la ferme familiale. L'entreprise s'est spécialisée dans la distillation de whisky de grain et fut une pionnière dans l'élaboration de blends.
En 1919, elle fut rachetée par DCL et continua à être une entreprise dominante au sein de ce groupe. La marque Dimple (*voir* p. 106) est une version de luxe qui connut un grand succès, et Haid fut à l'époque la marque de whisky la plus vendue au Royaume-Uni. Aujourd'hui sous le contrôle de Diageo, ce whisky est vendu en Grèce et dans les îles Canaries.

◄ **HAIG**

BLEND 40 % VOL.

Une douceur sur le nez, avec quelques notes fumées légères. Léger et délicat, avec des notes de bois tendres et des épices sur la finale, et un soupçon de fumée.

HANCOCK'S RESERVE

États-Unis
Buffalo Trace Distillery,
1001 Wilkinson Boulevard,
Frankfort, Kentucky
www.buffalotrace.com

Ce whiskey, habituellement composé d'alcool âgé de 10 ans, doit son nom à Hancock Taylor, le grand-oncle de l'ancien président des États-Unis, Zachary Taylor, et géomètre du Kentucky. Il fut assassiné par les Amérindiens en 1774, et la légende raconte que sa dernière volonté fut l'un des premiers documents légaux exécuté dans la région.

HANCOCK'S RESERVE PRESIDENT'S SINGLE BARREL ►
BOURBON 44,45 % VOL.
Gras sur le nez, avec de la réglisse, du caramel et du seigle épicé. Doux en bouche, avec des notes de malt, de fudge et de vanille. S'asséchant sur la finale, avec des notes marquantes de chêne, mais la douceur rémanente du whiskey dure jusqu'à la fin.

HANKEY BANNISTER

Écosse

Propriétaire : Inver House Distillers

Fondée par Messieurs Hankey et Bannister en 1757, la marque appartient désormais à Inver House Distillers et fournit ses single malts à des distilleries écossaises de qualité, telles Balblair, Balmenach et Knockdhu. Les marchés principaux de Hankey Bannister sont l'Amérique latine, l'Australie, et l'Amérique du Sud, mais son whisky est exporté dans 47 pays.

◄ HANKEY BANNISTER 21 ANS
BLEND 43 % VOL.
Nez frais et jeune. Doux et onctueux, évoquant le toffee, avec la vanille, typique de la maison, se distinguant des autres saveurs. Profondeur accrue sur le palais, avec des connotations maltées et une finale chaleureuse.

HANKEY BANNISTER 40 ANS
BLEND 43,3 % VOL.
Arômes parfumés et chaleureux de raisins secs, de chocolat et d'agrumes se mêlant à des notes épicées, et menant à une finale exceptionnellement longue, onctueuse et au corps plein.

HANYU

Japon

Distribution : Number One Drinks, Netherconesford, King Street, Norwich, Royaume-Uni
www.one-drinks.com

La distillerie Hanyu fut construite par la famille Akuto dans les années 1940 pour produire du shochu. La production de whisky débuta en 1980, et le succès fut grand jusqu'à ce que la crise financière de 1996 mette un terme à l'essor de l'industrie japonaise du whisky. La distillerie dut fermer en 2000. Lorsqu'elle fut reprise en 2003, Ichiro Akuto (*voir* Ichiro's Malt p. 187) n'eut que quelques mois pour racheter autant de stock qu'il le pouvait avant que la distillerie ne soit détruite.

HANYU 1988 CASK 9501 ▶
SINGLE MALT 55,6 % VOL.
Vif et intense, avec de la vanille, un peu d'agrumes et un savoureux caractère de beurre de cacao. Le chêne japonais confère une saveur douce-amère. Une profondeur sur le palais ; la finale est fumée.

HAZELBURN

Écosse

Springbank Distillery, Well Close,
Campbeltown, Argyll
www.springbankdistillers.com

Springbank Distillers est le grand survivant du boom qu'a connu Campbeltown – 34 distilleries étaient implantées dans cette ville au XIXe siècle. Springbank représente à elle seule une petite industrie de whisky de malt. Elle produit trois distillations séparées sous un même toit : le Springbank, le Longrow, très fumé, et le Hazelburn, léger et doux. Le Hazelburn – nommé d'après une ancienne distillerie abandonnée de Campbeltown – n'est pas tourbé, et il est distillé trois fois. Le premier spiritueux fut produit en 1997 et embouteillé en 2005 en tant que 8 ans d'âge. Les 6000 bouteilles se sont vendues en quelques semaines.

◄ **HAZELBURN 8 ANS**
SINGLE MALT : CAMPBELTOWN
46 % VOL.
De type Lowlands, net et rafraîchissant, avec une saveur subtile et maltée.

HEAVEN HILL

États-Unis
1701 West Breckinridge Street,
Louisville, Kentucky
www.heaven-hill.com

Heaven Hill est le plus grand producteur familial de spiritueux indépendant aux États-Unis. En 1996, la distillerie et les entrepôts brûlèrent dans un incendie. Heaven Hill racheta alors à Diageo les locaux de Bernheim, à Louisville, pour y déplacer la production.

La distillerie est spécialisée dans les bourbons âgés, plus fortement alcoolisés, au caractère traditionnel et au corps plein et complexe, tels que l'Evan Williams (*voir* p. 118) et Elijah Craig (*voir* p. 115), mais son catalogue diversifié comprend aussi le Bernheim Original (*voir* p. 48), le Pikesville (*voir* p. 288) et le Rittenhouse Rye (*voir* p. 300).

HEAVEN HILL ▶
BOURBON 40 % VOL.
Un bourbon excellent, au prix compétitif, idéal pour entrer dans l'univers de ce type de whiskey. Nez d'orange et de pain de maïs, une sensation en bouche douce et grasse, et un palais bien équilibré marqué par la vanille et le maïs.

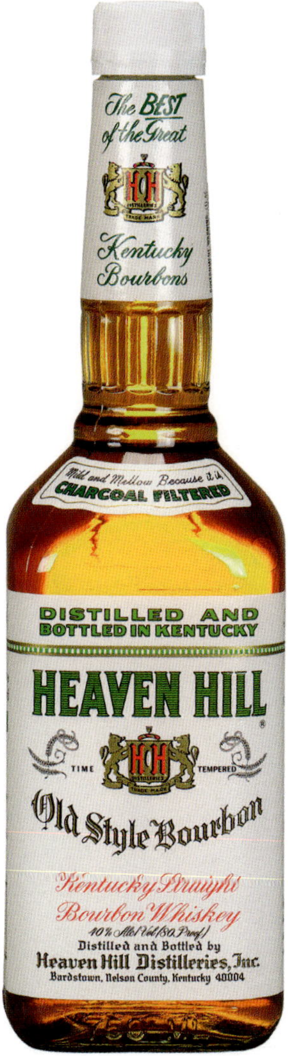

HELLYERS ROAD

Australie
153 Old Surrey Road,
Burnie, Tasmanie
www.hellyersroaddistillery.com.au

Hellyers Road, ouverte en 1999, appartient à Betta Milk Cooperative. Trois mille fûts sont en cours de vieillissement ; la distillerie produit aussi une vodka à base d'orge de Tasmanie distillée dans un alambic pot still. Le propriétaire, Laurie House, avait dirigé une entreprise laitière, ce qui lui a permis d'acquérir toutes les compétences nécessaires à la gestion d'une entreprise moderne et automatisée.

La distillerie doit son nom à Henry Hellyer qui, dans les années 1820, créa la première route en Tasmanie, celle qui mène à la distillerie.

◄ HELLYERS ROAD ORIGINAL
SINGLE MALT 46,2 % VOL.
Un malt de corps léger et de couleur pâle, sans teinte et non filtré à froid. Le nez est frais et acidulé, avec des notes de vanille.

HIGHLAND PARK

Écosse
Kirkwall, Orkney
www.highlandpark.co.uk

Highland Park est la distillerie la plus septentrionale d'Écosse. Située sur une île, elle a pu jouer de cette singularité dans la promotion de ses whiskies, bien que cet isolement du continent, où sont localisés les assembleurs, ait toujours été un obstacle. La distillerie survécut néanmoins. Elle produit aujourd'hui un whisky de malt apprécié. ☛

HIGHLAND PARK 12 ANS ▸
SINGLE MALT : ISLANDS
40 % VOL.
Ce whisky est prisé pour sa bonne qualité générale. Il dégage des notes douces de miel de bruyère, des notes épicées plus riches, et un soupçon enveloppant de fumée de tourbe qui assèche moyennement la finale.

HIGHLAND PARK 18 ANS
SINGLE MALT : ISLANDS
43 % VOL.
Légèrement plus doux que le 12 ans, avec des notes de bruyère, de toffee et de cuir poli. Le goût de la fumée de tourbe se renforce plus sur la finale que sur le palais.

HIGHLAND PARK

Les propriétaires ont investi pour être parmi les 10 marques les plus vendues.

La licence d'Highland Park fut acquise par David Roberston en 1798, mais depuis 1937 la distillerie fait partie d'Highland Distilleries (Edrington Group). Une partie de l'orge est maltée sur les aires de maltage de la distillerie. Le malt est ensuite séché dans un four alimenté avec la tourbe locale, dont l'arôme est plus doux que celle d'Islay.

◀ HIGHLAND PARK 30 ANS
SINGLE MALT : ISLANDS
48,1 % VOL.
Produit phare de la maison. Douceur de caramel, épices aromatiques ; notes de chocolat noir et d'orange. Une longue finale s'asséchant et fumée, agrémentée d'un peu de sel.

HIGHLAND PARK 25 ANS
SINGLE MALT : ISLANDS
48,1 % VOL.
La couleur ambrée de ce whisky évoque le vieillissement en fûts de chêne pédonculé. En réalité, la moitié est vieillie dans des cuves de sherry neuves. Malgré son âge, il a un goût riche et de noix, avec des fruits secs et un parfum fumé.

HIGHWOOD

Canada
114 10th Avenue Southeast,
High River, Alberta
www.highwood-distillers.com

Highwood, fondée en 1974, est de propriété indépendante, ce qui est assez rare au Canada. Elle fabrique une gamme de spiritueux et elle est la seule distillerie canadienne à ne distiller que de l'alcool de blé dans ses alambics à colonne ; cet alcool constitue la base de ses blends. En 2005, elle racheta les distilleries Potter's et Cascadia. Potter's est une marque indépendante de Highwood, le whisky est mélangé à du sherry, ce qui produit une nouvelle dimension aromatique.

HIGHWOOD ▶
RYE CANADIEN 40 % VOL.
Mélange d'alcool de blé et de seigle. Le nez de chêne, parfumé à la vanille, présente des traces d'épices de seigle, de fleur d'oranger et de miel. Sur le palais, la douceur s'équilibre avec les tanins du chêne et les noix.

HIRSCH

Canada

Distributeur: Preiss Imports Inc, San Diego, États-Unis

Ce whisky n'est plus fabriqué, mais il est encore fourni par un distributeur américain. Le whisky canadien est souvent considéré comme un rye whisky mais rares sont les marques qui contiennent plus de 50% d'alcool de seigle. Hirsch fait partie de ces marques. Pour les connaisseurs, ce whisky rivalise avec les meilleurs rye whiskies du Kentucky. Les whiskies sont embouteillés en small batch, élaborés dans des alambics à colonne, vieillis en fûts de bourbon, choisis par Preiss Imports, et embouteillés par Glenora Distillery (*voir* Glen Breton p. 130).

◄ HIRSCH SELECTION 8 ANS

RYE CANADIEN 43 % VOL.

Nez marqué par le dissolvant et le pin, puis par la douceur du sirop d'érable. La saveur est douce, avec du caramel, de la noix de coco et du bois de chêne ; le corps est plein. Finale douce-amère avec quelques notes terreuses.

HIRSCH RESERVE

États-Unis
Distributeur: Preiss Imports
www.hirschbourbon.com

Le Hirsch Reserve fait partie de l'histoire du whiskey américain. L'alcool fut distillé en 1974 à la distillerie Michter's, la dernière distillerie de Pennsylvanie. Mitcher's ferma ses portes en 1988, mais, quelques années plus tôt, Adolf H. Hirsch y avait acheté un gros stock d'alcool, qui, après avoir vieilli 16 ans, fut versé dans des cuves en acier inoxydable pour éviter que la maturation ne se poursuive. Ce whiskey est désormais commercialisé par Preiss Imports, mais les stocks s'amenuisent rapidement.

HIRSCH RESERVE ►
BOURBON 45,8 % VOL.
Le caramel, le miel et le seigle dominent le nez complexe, avec une bouffée de fumée émergeant aussi. Le palais riche est marqué par du maïs gras, du miel et du chêne; le seigle et le chêne se renforcent sur la finale s'asséchant progressivement.

HOLLE

Suisse
Hollen 52, 4426 Lauwil, Basel
www.single-malt.ch

Jusqu'au 1er juillet 1999, il était strictement interdit en Suisse de distiller de l'alcool à partir de céréales car elles étaient considérées comme des aliments de base. La loi fut modifiée, et la famille Bader, qui fabriquait de l'alcool de fruits depuis bien longtemps, commença à distiller de l'alcool de céréales, elle devint le premier producteur de whisky du pays.

◄ **HOLLE**
SINGLE MALT 42 % VOL.
Arômes délicats de malt, de bois et de vanille, avec une saveur de vin. Il en existe deux versions, l'une est vieillie en fûts de vin blanc, l'autre en fûts de vin rouge. Une version brut de fût est embouteillée à 51,1% vol.

HUDSON

États-Unis
Tuthilltown Distillery, 14 Gristmill Lane, Gardiner, New York
www.tuthilltown.com

En 1825, l'État de New York abritait plus de 1 000 distilleries produisant la plupart du whiskey national. Aujourd'hui, Tuthilltown est la seule distillerie en activité de l'État. Fondée en 2001 par Brian Lee et Ralph Erenzo, elle produit une gamme de quatre embouteillages Hudson, dont un whiskey de quatre céréales riche et très aromatique, et un single malt riche marqué par le caramel, une interprétation des whiskies écossais traditionnels.

HUDSON MANHATTAN RYE ▶
RYE WHISKEY 46 % VOL.
Premier whiskey de seigle distillé dans l'État de New York depuis près d'un siècle. Notes florales et finale onctueuse, avec une remarquable saveur de seigle.

HUDSON BABY BOURBON
BOURBON 46 % VOL.
Fabriqué avec du maïs 100% new-yorkais, c'est le tout premier bourbon fabriqué dans cet État. Il s'agit d'un bourbon doux, avec des soupçons de vanille et de caramel.

I. W. HARPER

États-Unis
Four Roses Distillery,
1224 Bond Mills Road,
Lawrenceburg, Kentucky
www.fourroses.us

La célèbre marque I. W. Harper, jadis très appréciée, fut créée par un homme d'affaire juif, Isaac Wolfe Bernheim (1848-1945), qui fut une grande figure du milieu du bourbon au début du XXe siècle. Le whiskey était produit à la distillerie Bernheim (*voir* p. 48) à Louisville. Il appartient aujourd'hui à Diageo et il est produit par la distillerie Four Roses ; c'est l'un des bourbons leaders sur le marché japonais.

◄ I. W. HARPER
BOURBON 43 % VOL.
Un bourbon au corps plein dans lequel le poivre se mêle à la menthe, à l'orange, au caramel, et qui est légèrement carbonisé sur le nez, tandis que le chêne, le caramel et les pommes composent un palais raffiné. La finale est sèche et fumée.

ICHIRO'S MALT

Japon
Distribution : Number One Drinks, Netherconesford, King Street, Norwich, Royaume-Uni
www.one-drinks.com

Ichiro's Malt est une gamme de whiskies d'Ichiro Akuto, ancien président de la distillerie Hanyu (*voir* p. 175) et petit-fils du fondateur Isouji Akuto. Les whiskies sont issus de 400 fûts de single malt d'Hanyu que Akuto réussit à obtenir après la fermeture de la distillerie. ☛

KING OF DIAMONDS, DISTILLÉ EN 1988, EMBOUTEILLÉ EN 2006 ▶
SINGLE MALT 56 % VOL.
Complexe, marqué par les noix, avec des notes sèches franches, du bois de santal, des agrumes, de l'ananas et du pin. Épicé et floral à la fois sur le palais, avec des notes subtiles de fumée.

ACE OF DIAMONDS, DISTILLÉ EN 1986, EMBOUTEILLÉ EN 2008
SINGLE MALT 56,4 % VOL.
Nez mature, avec des oranges, de la cire à bois, de la rose, du tabac à pipe. Dilué avec de l'eau, il dégage des notes de prunelle et de moscatel. Saveur d'épices et de chocolat sur la langue.

ICHIRO'S MALT

☛ Le reste des stocks d'Hanyu est commercialisé par Akuto en série de 53 whiskies nommés d'après les cartes à jouer. Cette Card Series est célèbre non seulement pour son design particulier mais aussi pour la grande qualité de la plupart de ses produits.

Toutes les versions de la gamme Card Series sont en édition très limitée, mais elles sont toutefois disponibles sur le marché d'exportation.

◄ FIVE OF SPADES, DISTILLÉ EN 2000, EMBOUTEILLÉ EN 2008
SINGLE MALT 60,5 % VOL.
Un nez doux marqué par le santal, avec des raisins secs, de la menthe, du chocolat noir et un peu de fumée. L'eau apporte un arôme de muffins chauds, une note évoquant l'encens, et du poivre blanc.

ACE OF SPADES, DISTILLÉ EN 1985, EMBOUTEILLÉ EN 2006
SINGLE MALT 55 % VOL.
Vif, riche et lourd avec beaucoup de raisins secs, de notes goudronnées et de mélasse. Le palais est consistant, évoquant le toffee et le pruneau ; la finale est savoureuse.

IMPERIAL BLUE

Inde
Propriétaire : Pernod Ricard
www.pernod-ricard.com

Imperial Blue est la deuxième marque de Pernod Ricard la plus vendue en Inde, avec plus de 3,8 millions de caisses par an. Elle fut rachetée à Seagram (toujours présent sur l'étiquette) par Pernod Ricard en 2001 et passa alors d'une capacité de production d'un demi-million de caisses par an à plus d'un million en 2002. En 2008, elle fit la une des journaux quand on découvrit à Andhra Pradesh que des bouteilles contenaient moins d'alcool que ce qu'indiquait l'étiquette. Il fut révélé ensuite qu'il s'agissait d'un sabotage d'employés mécontents de leurs conditions de travail.

IMPERIAL BLUE ▸
BLEND 42,8 % VOL.
Malgré le terme « grain » sur l'étiquette, Imperial Blue est un mélange de whiskies écossais importés et d'alcool neutre produit localement. Il est léger, doux et onctueux.

INCHGOWER

Écosse
Buckie, Banffshire
www.malts.com

La distillerie Inchgower, fondée en 1871 par Alexander Wilson, est située à l'embouchure de la Spey, non loin du port de pêche Buckie. Son équipement fut récupéré à la distillerie désaffectée Tochieneal, qui avait été établie en 1824 par son père, John Wilson, un peu plus bas sur la côte, à Cullen. Inchgower resta propriété familiale jusqu'en 1930, année où les alambics furent arrêtés. Six ans plus tard, le conseil municipal local décida de la racheter pour 1 000 livres seulement, puis il la revendit à Arthur Bell & Sons en 1938. Les blends de Bell's sont en majeure partie composés du malt produit par Inchgower.

◄ INCHGOWER
FLORA & FAUNA 14 ANS
SINGLE MALT : SPEYSIDE
43 % VOL.
Vif et frais, avec un nez floral, un goût doux-amer, et une finale assez courte.

INISHOWEN

Irlande
Cooley Distillery, Riverstown,
Cooley, County Louth
www.cooleywhiskey.com

Inishowen est né d'un concept digne d'un comptable. L'industrie du whisky écossais vaut des milliards et les blends représentent 90 % des ventes. Par conséquent, si une marque irlandaise parvenait à créer un produit similaire, la logique voudrait que le succès soit garanti.

Rien n'est plus faux avec la commercialisation de l'Inishowen. La fabrication est bonne et l'assemblage harmonieux, certes, mais ce whiskey ne sera jamais… écossais.

INISHOWEN ►
BLEND 40 % VOL.
Aucun autre blended whiskey irlandais n'a un nez comme celui-ci : tourbé et floral. Cependant, le véritable charme de ce blend est donné par le whiskey de grain raffiné et non par le whiskey de malt.

INVER HOUSE GREEN PLAID

Écosse

Propriétaire : Inver House Distillers

Gérée par Thai Beverage, Inver House est l'une des sociétés écossaises les plus petites et dynamiques. En 2008, *Whisky Magazine* lui remit le titre de Distiller of the Year. La marque Green Plaid fut lancée en 1956 aux États-Unis, où elle est toujours parmi les dix marques les plus vendues. Pour élaborer le Green Plaid, on assemble plus de 20 whiskies de malt et de grain ; le blend est commercialisé sous une version sans âge, à un prix très compétitif, et sous des versions 12 et 21 ans d'âge. Les single malts de Speyburn, anCnoc, Balblair, Old Pulteney et Balmenach, propriétés d'Inver House, sont les composants essentiels du Green Plaid.

◄ INVER HOUSE GREEN PLAID
BLEND 40 % VOL.
Dégustation légère, agréable, avec des notes de caramel et de vanille.

INVERGORDON

Écosse

Cottage Brae, Invergordon, Ross-shire
www.whyteandmackay.com

Située sur les rives du golfe Moray Firth, la distillerie de grain Invergordon appartient à Whyte & Mackay. Elle fut fondée en 1961 puis agrandie en 1963 et 1978. En 1991, la distillerie produisit son premier embouteillage officiel, un single grain de 10 ans d'âge, mais il fut vite retiré des ventes. Les seuls produits disponibles sont donc des embouteillages indépendants, la plupart étant appréciés des goûteurs indépendants.

INVERGORDON CLAN DENNY 1966 ▶

SINGLE GRAIN 49,8 % VOL.

Les embouteillages indépendants d'Invergordon sont tous très vieux (entre 38 et 42 ans). Ils sont caractérisés par un nez doux et une texture crémeuse. Ils présentent des notes de vanille et de bois, et des épices telles que la cannelle et la noix de muscade.

THE IRISHMAN

Irlande
www.hotirishman.com

La gamme Irishman de Bernard Walsh comporte deux nouvelles versions de base et une édition spéciale. Le single malt est composé de whiskey produit par Bushmills. Il s'agit d'un mélange de whiskeys vieillis en fûts de bourbon et de sherry. The Irishman 70, la seconde nouvelle version, est une recette innovante. Le nombre 70 évoque le pourcentage de malt de Bushmills. Les 30 % restants sont composés de pure pot still de Midleton.

◄ THE IRISHMAN SINGLE MALT
SINGLE MALT 40 % VOL.
Bushmills tend à garder le meilleur whiskey pour ses embouteillages. L'Irishman a donc un caractère céréalier fort, mais ne sera jamais exceptionnel. Un soupçon de sherry sur le palais, mais ce single malt aurait pu rester plus longtemps en fûts.

THE IRISHMAN 70
PURE POT STILL/MALT BLEND 40 % VOL.
L'association de malt et de pot still produit un parfum de fruits secs et de sucre, presque cuit, qui frappe le nez.

ISLAY MIST

Écosse
Propriétaire : MacDuff International

Créé en 1922 pour les 21 ans du fils du Laird d'Islay House, Islay Mist est un blend estimé, composé de single malts provenant des îles Hébrides. Le Laphroaig, aromatique, prédomine dans le mélange, mais il est équilibré par des malts de la Speyside et des Highlands. Naturellement, le Islay Mist est apprécié des amateurs de whiskies tourbés. Il constitue une bonne alternative aux blends dont les caractères sont moins prononcés. Il est produit par Macduff International, et il est disponible en version standard, de luxe, 8 ans et 17 ans. Les deux dernières versions sont élaborées selon la même recette, seul l'âge varie.

ISLAY MIST DELUXE ▶
BLEND 40 % VOL.
Un whisky fumé, que certains trouveront plus facile à boire que des malts d'Islay. Doux et complexe sous l'arôme tourbé.

J&B

Écosse

Propriétaire : Diageo

Cette marque de Diageo compte parmi les dix marques de blends les plus vendues au monde. On la trouve en France, en Espagne, au Portugal, en Turquie, en Afrique du Sud et aux États-Unis.

L'entreprise, datant de 1749, fut rachetée en 1831 par Alfred Brooks, qui la renomma Justerini and Brooks. Elle se mit à élaborer des blends dans les années 1880 et développa le J&B Rare dans les années 1930, lorsque la levée de la prohibition aux États-Unis engendra une forte demande pour les whiskies plus clairs et au goût plus raffiné.

◄ J&B RARE

BLEND 40 % VOL.

Des single malts de qualité dans ce whisky : Knockando, Auchroisk et Glen Spey ; la saveur fumée évoque les malts d'Islay. Douceur de pomme et de poire, des notes de vanille et des soupçons de miel sur un fond de tourbe.

J&B JET

BLEND 40 % VOL.

Un whisky moelleux, onctueux, composé surtout de malts de la Speyside.

JACK DANIEL'S

États-Unis
280 Lynchburg Road,
Lynchburg, Tennessee
www.jackdaniels.com

Jack Daniel's est une marque mythique dans le monde entier. Son fondateur, Jasper Newton « Jack » Daniel, dirigeait déjà son entreprise en 1860, alors qu'il n'était âgé que de 14 ans.

Aujourd'hui, la distillerie appartient à la Brown-Forman Corporation, dans le Tennessee.

JACK DANIEL'S OLD NO. 7 ▶
TENNESSEE WHISKEY 40 % VOL.
Nez de vanille, de fumée et de réglisse. Sur le palais se dégage un sirop gras accompagné de mélasse, avec un éclat de sirop d'érable et de bois brûlé s'attardant sur la finale longue. Pas complexe, mais robuste et particulier.

JACK DANIEL'S SINGLE BARREL
TENNESSEE WHISKEY 47 % VOL.
Agréable et onctueux sur le nez, avec des notes de pêche, vanille, noix et chêne. Le palais, comparativement sec, est profond, riche et raffiné, avec du maïs gras, de la réglisse, du malt et du chêne. Malt et chêne dominent la finale longue, avec une touche de seigle épicé.

JAMES MARTIN'S

Écosse
Propriétaire : Glenmorangie

Le nom évoque l'assembleur de Leith, MacDonald Martin Distillers (aujourd'hui Glenmorangie), et date de 1878, lorsque James Martin se lança dans les affaires. Dans sa bouteille stylisée art déco, ce blend a toujours été estimé, d'autant qu'il contient une grande partie de single malt Glenmorangie et d'autres éléments plus riches.

Actuellement, deux versions de James Martin's sont disponibles : un 12 ans et un 20 ans d'âge. La version 30 ans se trouve encore chez des revendeurs spécialisés.

◄ JAMES MARTIN'S 20 ANS
BLEND 40 % VOL.
Au départ, agrumes sur le nez, puis miel, vanille et de l'hydromel. Avec de l'eau apparaissent des soupçons de noix de coco et de vanille. Très doux sur le palais, avec des notes de céréales émergentes au début. Bien équilibré ; la finale est douce.

JAMESON

Irlande
Midleton Distillery,
Midleton, County Cork
www.jamesonwhiskey.com

Le Jameson est le whiskey irlandais le plus vendu. Le blend standard actuel est un mélange de pot still whiskey au corps moyen et de whiskey de grain. Si ce spiritueux léger manque de caractère, d'autres whiskeys plus satisfaisants sont produits par Jameson. Le Gold Reserve, réservé à l'origine aux boutiques détaxées, est désormais largement distribué. Certains des whiskeys qui le composent ☛

JAMESON ▶
BLEND 40 % VOL.
Ce whiskey a un nez malté prometteur, mais la dégustation est une déception générale. Le whiskey de grain, indiscipliné, domine le pot still, laissant des notes d'agrumes. Un agréable murmure de sherry, mais rien de plus.

JAMESON GOLD RESERVE
BLEND 43 % VOL.
Un whiskey visqueux, gras, sirupeux et rond. Les arômes plus légers et plus délicats peinent à se frayer une voie à travers l'épaisseur sucrée. La finale est bourdonnante et longue.

JAMESON

☛ ont plus de 20 ans d'âge, mais ils s'assemblent bien au pot still whiskey plus jeune, vieilli en fûts de chêne neufs. C'est le seul whiskey irlandais qui mûrit dans des fûts non usagés, cela confère au blend un arôme très doux de vanille.

Le Jameson's Special Reserve 12 ans vieillit en fûts de sherry oloroso et a gagné plusieurs prix. Les six ans supplémentaires de vieillissement modifient peu le type d'arôme de la version 18 ans, mais le prix de vente est doublé.

◄ JAMESON SPECIAL RESERVE 12 ANS

BLEND 40 % VOL.

Ce whiskey égaye le nez avec des notes de cuir et d'épices. Il a une incroyable qualité soyeuse. Des fruits secs et du chocolat au lait achèvent la dégustation.

JAMESON LIMITED RESERVE 18 ANS

BLEND 40 % VOL.

Ici, l'âge a des effets bénéfiques sur le pot still. Le corps est ferme et souple, et le bois d'oloroso doit être raffiné pour éviter de dominer ce blend d'un grand âge. Des notes d'amande douce et de fudge épicé font l'éloge du caractère gras du pot still.

JEFFERSON'S

États-Unis
McLain & Kyne Ltd (Castle Brands),
Louisville, Kentucky
www.mclainandkyne.com

La société McLain & Kyne, basée à Louisville, fut fondée par Trey Zoeller pour perpétuer la tradition de distillation de ses ancêtres. MacLain & Kyne est spécialisée dans les bourbons small batch et de première qualité, dont le Jefferson's et le Sam Houston (*voir* p. 309).

JEFFERSON'S SMALL BATCH 8 ANS ►

BOURBON (TENEUR EN ALCOOL VARIABLE)

Ce bourbon a été vieilli dans des entrepôts métalliques pour accentuer les températures extrêmes du Kentucky, forçant ainsi le whiskey à étendre sa profondeur dans le fût pour en extraire les arômes du bois. Le nez est frais, avec de la vanille et des notes de pêche mûre, tandis que le palais onctueux et doux présente davantage de vanille, du caramel et des baies. La finale est délicate, marquée par de la vanille grillée et de la crème.

La route du whisky : Irlande

En 1887, lorsque le spécialiste des spiritueux Alfred Barnard se rendit en Irlande, il put visiter 28 distilleries. Aujourd'hui, l'éventail est plus limité, mais reste attractif. Plusieurs anciennes distilleries proposent des visites, et le magnifique paysage constitue une raison supplémentaire de venir faire la route du whiskey dans ce pays.

JOUR 1 : BUSHMILLS

❶ Entamez votre voyage avec la sublime **Chaussée des géants**, un site classé proche de Bushmills, où d'extraordinaires colonnes de basalte longent la côte.

❷ De toutes les distilleries ouvertes au public en Irlande, celle de **Bushmills** est la seule à fonctionner. Profitez de la visite, goûtez des whiskeys, puis promenez-vous jusqu'au Bushmills Inn pour un délicieux dîner et une bonne nuit de sommeil.

CHAUSSÉE DES GÉANTS

JOUR 2 : COOLEY, OLD JAMESON

DISTILLERIE COOLEY

❸ Bien que la distillerie **Cooley** ne soit pas ouverte au public, le paysage alentour, sur la route de Dublin, mérite d'être découvert.

❹ Évitez la circulation à Dublin en prenant le tramway LUAS en direction de Smithfield dans le centre-ville. Vous êtes près de la distillerie **Old Jameson**, qui propose une visite guidée et permet de déguster son whiskey.

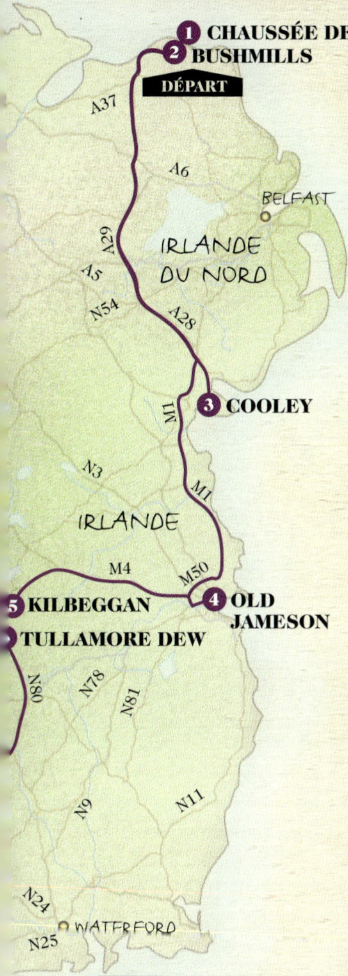

SÉJOUR TOURISTIQUE

JOURS : 4
DISTANCE : 60 km
TRANSPORT : voiture, tram
DISTILLERIES :
1 en activité, 3 converties

JOUR 3 : KILBEGGAN, TULLAMORE DEW

❺ Prenez l'échangeur 7 de la route M50 et dirigez-vous vers l'ouest en sortant de Dublin pour vous rendre à l'ancien bâtiment de la distillerie Locke's, à **Kilbeggan**. La distillerie d'origine ferma ses portes en 1957, mais le site a été ranimé par les habitants et abrite la microdistillerie Kilbeggan ainsi qu'un musée comportant un moulin à eau, un restaurant, une boutique et un bar à whiskey.

KILBEGGAN

❻ La ville de Tullamore abrite le centre historique de **Tullamore Dew**. Ce bâtiment était à l'origine un entrepôt de douane utilisé pour stocker les fûts de whiskey avant qu'ils ne soient transportés par voie maritime à Dublin. Aujourd'hui, il est un lieu d'exposition sur la fabrication traditionnelle du whiskey. Le whiskey Tullamore Dew est distillé à Midleton, mais il est possible de le goûter au centre historique.

JOUR 4 : CORK, THE JAMESON EXPERIENCE À MIDLETON

❼ Le voyage dans la campagne de Tullamore à Cork mène au cœur marécageux de l'Irlande – un paysage désolé qui dégage une étrange beauté. **Cork** est un havre gastronomique. Vous pouvez vous rendre à l'English Market pour y faire des achats, ou tester le Market Café qui propose des spécialités. Pour prendre un verre, arrêtez-vous à Douglas Village, dans la banlieue de Cork, au South County Bar & Café. C'est un pub traditionnel, familial, avec son propre « whiskey corner ».

POT STILL À MIDLETON

❽ **The Jameson Experience** est une visite de l'ancienne distillerie du XVIIIe siècle, à Midleton. On peut y admirer le plus grand alambic à feu ouvert (pot still) du monde. Pour le repas, essayez le restaurant de Ballymaloe House, tout proche, dirigé par Darina Allen, doyenne des amateurs de gastronomie irlandais.

JIM BEAM

États-Unis

Clermont Distillery, 149 Happy Hollow Road, Clermont, Kentucky
www.jimbeam.com

Jim Beam est le bourbon le plus vendu au monde. Ses origines remontent au XVIIIe siècle, lorsque Jacob Boehm, fermier et meunier d'origine allemande, migra depuis le comté de Bourbon, Kentucky, vers la Virginie, emportant avec lui son alambic pot still en cuivre. Jacob Boehm aurait vendu son premier fût de whiskey en 1795 contre de l'argent en liquide, après

◄ JIM BEAM WHITE LABEL 4 ANS

BOURBON 40 % VOL.

Nez marqué par la vanille et des notes florales délicates. Initialement doux, avec des notes de vanille, puis plus sec, des notes de chêne se développant puis s'estompant en cire à bois et en malt doux sur la finale.

JIM BEAM CHOICE 5 ANS

BOURBON 40 % VOL.

Ce whiskey filtré au charbon de bois après le vieillissement est de caractère souple et soyeux. Les notes de caramel sont bien présentes.

quoi il déplaça son entreprise dans le comté de Washington où il avait hérité d'une parcelle de terre.

En 1880, Jim (James Beauregard) Beam, petit-fils de Jacob Boehm, rejoignit l'entreprise à 16 ans. Les affaires prospérèrent avant la prohibition, après quoi la distillerie dut fermer.

En 1933, suite à l'abrogation de la prohibition, Jim Beam fonda la distillerie de Clermont. Il était alors âgé de 70 ans. Il mourut en 1947, cinq ans après l'apparition du nom « Jim Beam » sur l'étiquette des bouteilles, et deux ans après que l'entreprise fut vendue à Harry Blum, de Chicago, ancien partenaire.

JIM BEAM BLACK LABEL 8 ANS ▶
BOURBON 43 % VOL.
Ce whiskey a plus de profondeur que le White Label, les notes de fruits et de vanille sont plus complexes et accompagnées de réglisse et de seigle.

JIM BEAM RYE
RYE WHISKEY 40 % VOL.
Nez léger, parfumé et aromatique, avec du citron et de la menthe. Le Jim Beam Rye est gras en bouche, avec des fruits doux, du miel et du seigle sur le palais, s'asséchant sur la finale épicée.

JOHNNIE WALKER

Écosse

Propriétaire : Diageo

Les origines de l'entreprise datent de 1820, à l'achat d'une épicerie à Kilmarnock, mais il fallut attendre les années 1860 pour que Walker produise du whisky. Grâce à la légalisation de l'assemblage, le fils et le petit-fils de Johnnie Walker développèrent leur gamme de whiskies. Ceux-ci étaient basés sur le blend d'origine, le Walker's Old Highland, commercialisé en 1865, et qui est l'ancêtre du Black Label actuel. En 1925, l'entreprise fut

◀ JOHNNIE WALKER BLACK LABEL

BLEND 40 % VOL.

Blend identifiable par l'effet fumé du Talisker et des malts d'Islay de Diageo, Caol Ila et Lagavulin. Le Glendullan et le Mortlach ajoutent les caractéristiques des malts de la Speyside.

JOHNNIE WALKER GREEN LABEL

BLENDED MALT 43 % VOL.

Complexe, riche et puissant. Poivre, chêne et arômes de fruits. Douceur maltée et légère fumée.

rachetée par DCL, et, en 1945, Johnnie Walker était la marque de scotch la plus vendue au monde.

La gamme comprend les Johnnie Walker Red, Black, Gold et Blue, le Blue Label George V, et le Green Label. L'entreprise commercialise parfois des versions uniques, à édition limitée ou régionales, dont le Swing, le Honour, l'Excelsior, le Quest, le 1805 et l'Old Harmony. Ces dernières années, l'entreprise a cherché à élever la marque à un niveau supérieur. Lorsque le Blue Label fut commercialisé en 1992, il atteignit un record de prix dans la catégorie des blends. Puis le King George V Edition se vendit trois fois plus cher et le 1805 est vendu 1 000 livres le verre.

JOHNNIE WALKER
GOLD LABEL ▶
BLEND 40 % VOL.
Miel, fruits frais et notes de toffee, de la fumée en arrière-plan. Diageo conseille de refroidir ce whisky avant de le servir.

JOHNNIE WALKER
BLUE LABEL
BLEND 40 % VOL.
Onctueux et moelleux, avec des traces d'épices, de miel, et l'empreinte d'un soupçon de fumée.

JOHNNY DRUM

États-Unis
Kentucky Bourbon Distillers,
1869 Loretto Road,
Bardstown, Kentucky
www.kentuckybourbonwhiskey.com

Johnny Drum aurait été un tambour lors de la guerre de Sécession avant de devenir fermier et pionnier dans la distillation du whiskey dans le Kentucky. Le bourbon Johnny Drum fut produit à l'origine dans la distillerie Willet, près de Bardstown, mais celle-ci ferma au début des années 1980 lorsque les derniers membres de la famille Willet prirent leur retraite. L'entreprise fut rachetée par Kentucky Bourbon Distillers Ltd, et une gamme de whiskeys est produite sur commande.

◄ JOHNNY DRUM
BOURBON (TENEUR EN ALCOOL VARIABLE)
Nez onctueux et raffiné, avec de la vanille, des épices douces et de la fumée. Bourbon au corps plein, bien équilibré et onctueux en bouche, avec de la vanille et un soupçon de fumée. La finale est longue et sophistiquée.

JURA

Écosse
Jura, Argyllshire
www.isleofjura.com

Lorsque la distillerie Jura fut reprise en main par deux propriétaires terriens de l'île vers la fin des années 1950, soit un demi-siècle après être tombée en désuétude, le profil du whisky se mit à changer. Le malt fort, phénolique, appartenait au passé. Le nouveau whisky s'approchait du style Highland, moins tourbé et plus subtil. Cependant, ces dernières années, Jura a commercialisé une gamme d'embouteillages à édition limitée, dont certains, affinés en cuve de sherry, sont lourdement tourbés.

JURA 10 ANS ▶
SINGLE MALT : ISLANDS
40 % VOL.
Un malt typique des îles, légèrement tourbé, qui semble s'être amélioré ces dernières années.

JURA SUPERSTITION
SINGLE MALT : ISLANDS
43 % VOL.
Un mélange de Jura jeune très tourbé et de whiskies plus âgés, qui produit un malt très fumé, à la texture onctueuse.

KAVALAN

Taïwan, Chine
King Car Kavalan Distillery,
Yuanshan, comté de Yi-lan
www.kavalanwhisky.com

Située sur la plaine de Yilan, au nord-est de Taïwan, la distillerie fut fièrement baptisée par son fondateur, T. T. Lee, du nom d'une ancienne ethnie des plaines.

Fondée en 2006, la distillerie a une capacité de production annuelle de 3,9 millions de litres. La chaleur et l'humidité de la région accélèrent la maturation et favorisent l'évaporation. Le whisky atteint sa pleine maturité en deux ou trois ans.

Le premier embouteillage du Kavalan remonte à 2008. Le single malt est aujourd'hui décliné en quatre expressions, excellentes.

◄ KAVALAN CLASSIC
SINGLE MALT 40 % VOL.
Nez léger et fruité, dominé par les fruits tropicaux et les pêches mûres. Corps léger, saveur suave, avec une fraîche acidité, s'asséchant dans une finale de longueur moyenne. La dilution révèle des touches de fenouil, avec des notes de crème glacée à la pêche et de chocolat en arrière-goût.

KENTUCKY GENTLEMAN

États-Unis
Tom Moore Distillery, 1 Barton Road, Bardstown, Kentucky

Le Kentucky Gentleman est proposé en blended whiskey et en straight bourbon. D'après ses producteurs, la version blend est composée d'un mélange de straight bourbon du Kentucky et d'autres alcools élaborés à partir des meilleures céréales.

La version straight est plus largement appréciée dans les États du Sud, notamment en Floride, en Alabama et en Virginie.

KENTUCKY GENTLEMAN ▶
BOURBON 40 % VOL.
La proportion de seigle de ce whiskey est plus élevée que dans la plupart des whiskeys Barton. Il présente des arômes de caramel et de chêne doux ; en bouche, il est gras, au corps plein, épicé et fruité. Le seigle, les fruits, la vanille et le cacao dominent la finale longue, aromatique et franche, comparativement aux produits de la gamme.

KESSLER

États-Unis
Jim Beam Distillery,
149 Happy Hollow Road,
Clermont, Kentucky
www.jimbeam.com

Comptant parmi les blended whiskeys américains les plus célèbres et les plus estimés, le Kessler date de 1888. Il était alors assemblé par Julius Kessler, qui se déplaçait de saloon en saloon pour vendre son whiskey.

◄ KESSLER
BLEND 40 % VOL.
Depuis plus d'un siècle et demi, Kessler porte le slogan « Lisse comme la soie », à juste titre. Le nez est léger et fruité, le palais est doux, avec une complexité modérée de réglisse et de cuir, suffisante pour révéler les quatre années de vieillissement du whiskey.

KILBEGGAN

Irlande
The Old Kilbeggan Distillery, Main Street, Kilbeggan, comté de Westmeath
www.kilbegganwhiskey.com

Dans les années 1950, John Locke & Sons ferma ses portes. Les sœurs Flo et Sweet, les deux membres restants de la famille, n'étaient pas intéressées par la distillation. Après la guerre, le prix du whiskey flamba et elles vendirent la distillerie.

Aujourd'hui, les whiskeys de Kilbeggan sont des blends de Cooley, distillés dans le comté de Louth, mais toujours vieillis et embouteillés sur le site.

KILBEGGAN ►
BLEND 40 % VOL.
Blend céréalier, avec de fortes notes de miel et de porridge. La note finale est une combinaison agréable de café et de chocolat noir.

KILBEGGAN 15 ANS
BLEND 40 % VOL.
L'âge peut affaiblir, voire démolir un whiskey, tout comme il peut le former. Ce blend est spectaculaire : notes de miel et de biscuits secs, typique de Cooley, distillé à la perfection.

KILCHOMAN

Écosse

Rockside Farm, Bruichladdich, Islay
www.kilchomandistillery.com

La production de whisky sur ce site débuta en 2005. Kilchoman compte parmi les rares fermes-distilleries indépendantes et dont la chaîne de fabrication est complète : l'orge est cultivée par la ferme Rockside, et maltage, fermentation, distillation et maturation se font sur place ; enfin, un barrage construit dans la propriété permet d'avoir accès à une source d'eau fraîche.
En 2007, Kilchoman s'apprêtait à embouteiller son premier whisky, et un New Spirit était déjà commercialisé. Vieilli en fûts de bourbon pendant cinq mois, il ne s'agit plus techniquement d'un distillat, mais le spiritueux ne peut être encore qualifié de whisky.

◄ **KILCHOMAN NEW SPIRIT**
NEW MAKE SPIRIT 63,5 % VOL.
Alcool frais et fruité, malgré une vague légère de tourbe sur le nez. On relève aussi une douceur de caramel dur.

KIRIN GOTEMBA

Japon
Shibanta 970, Gotembashi, Shizuoka
www.kirin.co.jp

La distillerie Kirin Gotemba fut bâtie en 1973 par un partenariat commercial de Seagram (*voir* p. 313). Ses produits convenaient aux goûts des Japonais dans les années 1970. Mais la distillerie devait fournir le whisky nécessaire à l'élaboration des blends de Kirin. Elle produisit donc trois whiskies de grain et trois whiskies de malt, dont un tourbé.

GOTEMBA FUJISANROKU 18 ANS ▶

SINGLE MALT 40 % VOL.

Le nouveau 18 ans d'âge de Gotemba, plus floral et modéré que l'ancien, avec une note de chêne moins présente. On relève de la pêche, du lys et une note de pamplemousse. Le miel présent dans le whisky de grain apparaît aussi.

FUJI GOTEMBA 15 ANS

SINGLE GRAIN 40 % VOL.

Un nez doux et concentré. Onctuosité mielleuse. Touche de sésame, de noix de coco et de zeste d'orange. Le palais est doux et souple, la texture rappelant le beurre fondu. Sur la finale, le chêne s'équilibre avec la douceur générale.

KIRIN KARUIZAWA

Japon
Maseguchi 1795-1792, Oaza,
Miyotamachi, Kitasakugun, Nagano
www.kirin.co.jp

Cette ancienne entreprise vinicole fut convertie dans les années 1950 en un lieu de production de whisky. La distillerie emploie des techniques désormais rares, même en Écosse : la lourdeur de l'orge Golden Promise est accentuée par les petits alambics, tandis que la maturation en fûts de sherry usagés confère un caractère de fruits secs.

◄ KARUIZAWA 1995 : NOH SERIES, EMBOUTEILLÉ EN 2008
SINGLE MALT 63 % VOL.
Le nez est résineux, avec un mélange de baume du tigre, géranium, cirage, bois huileux et pruneau. Le palais est un peu amer, un trait d'eau permet de dégager une note tannique saisissante.

KARUIZAWA 1986 : CASK NO. 7387, EMBOUTEILLÉ EN 2008
SINGLE MALT 60.7 % VOL.
Nez marqué par l'encens, la cire, les fruits confits, le bolet, le cassier, la fumée, le tamarin et les épices. Il faut ajouter de l'eau pour développer les fruits secs, le bois de rose et le café sur le palais.

KNAPPOGUE CASTLE

Irlande
Bushmills Distillery, 2 Distillery Road, comté d'Antrim

Après la Seconde Guerre mondiale, le propriétaire du château de Knappogue acheta du whiskey irlandais pour l'embouteiller et l'offrir à son entourage. Le dernier de ces fûts, remplis de Tullamore, fut embouteillé en 1987, alors que le spiritueux avait 36 ans.

Dans les années 1990, le fils du propriétaire du château, Mark Andrews, décida de suivre la voie de son père et d'embouteiller des millésimes. Le premier de cette nouvelle génération d'embouteillages fut créé à partir de whiskey produit à Cooley, et les millésimes plus récents proviennent de Bushmills.

KNAPPOGUE CASTLE 1995 ▶
SINGLE MALT 40 % VOL.
Le whisky présente de fortes notes de noix grillées, tandis qu'une douceur de miel s'attarde sur le palais. Comme beaucoup d'embouteillages indépendants de Bushmills, il est trop jeune pour dévoiler tout le potentiel de ses caractéristiques.

KNOB CREEK

États-Unis
Jim Beam Distillery,
149 Happy Hollow Road,
Clermont, Kentucky
www.jimbeam.com

Knob Creek est la ville du Kentucky dans laquelle le père d'Abraham Lincoln, Thomas, possédait une ferme et travaillait par ailleurs à la distillerie locale. Ce bourbon est l'un des trois commercialisés en 1992, lorsque Jim Beam lança sa série Small Batch Bourbon Collection. Sa teneur en seigle élevée est égale à celle du Basil Hayden's (*voir* page 39), distillé par Jim Beam, et de l'Old Grand-Dad (*voir* page 276).

◀ KNOB CREEK 9 ANS
BOURBON 50 % VOL.
Knob Creek présente un nez de noix marqué par les fruits juteux et le seigle ; le palais fruité est composé de malt, d'épices et de noix, il s'assèche sur la finale avec des notes de vanille.

KNOCKANDO

Écosse
Knockando, Morayshire
www.malts.com

Le single malt Knockando fut lancé à la fin des années 1970, mais la production était surtout destinée à l'élaboration du J&B.

Établie en 1898, la distillerie fut victime de l'effondrement spéculatif qui frappa l'industrie du whisky au début du XXe siècle. Knockando fut raflée par Gilbey's, des distillateurs de gin londoniens qui devinrent la propriété de Diageo. En 1968, les aires de maltage furent abandonnées et les anciennes granges à malt furent transformées en centre de conférence pour les hommes d'affaires de J&B.

KNOCKANDO 12 ANS ▶
SINGLE MALT : SPEYSIDE
43 % VOL.
Malt doux et herbeux, au caractère céréalier. Texture légère et crémeuse.

KNOCKANDO 18 ANS
SINGLE MALT : SPEYSIDE
43 % VOL.
Une version un peu plus excessive de ce malt doux de la Speyside, à la texture onctueuse et moelleuse.

KNOCKEEN HILLS

Irlande

www.irish-poteen.com

Le poteen (ou *poitín*) est un alcool traditionnel irlandais jadis élaboré avec de l'orge maltée ou toute autre céréale disponible, voire la pomme de terre. Le Knockeen Hills est embouteillé en trois versions titrant à différents degrés d'alcool : deux versions ayant subi une triple distillation, titrant à 60 et 70 % vol., et une version ayant subi une quadruple distillation, titrant à 90 % vol. À ne pas boire sec.

◀ KNOCKEEN HILLS 60
POTEEN 60 % VOL.
Nez net, frais et fruité. Texture crémeuse, notes de fruits sucrés sur le palais. Finale rafraîchissante, laissant une sensation propre en bouche.

KNOCKEEN HILLS 70
POTEEN 70 % VOL.
Plus fort sur le nez que le 60. Avec une bonne mesure d'eau (50/50), il développe un caractère fruité, avec des arômes d'écorce de mandarine et une note parfumée. Réchauffant en bouche, doux et amer sur le palais, avec une finale sèche à la nuance fruitée.

LADYBURN

Écosse
Propriétaire : William Grant & Sons

Fermée depuis longtemps, Ladyburn était une distillerie de malt située sur le site d'une distillerie de grain à Girvan, sur la côte du Ayrshire. Ses propriétaires, William Grant & Sons, passèrent à la distillerie de malt en 1964, lorsque DCL menaça de cesser d'approvisionner en whisky de grain pour l'élaboration des blends. Deux ans plus tard, en 1966, Ladyburn fut créée sur le site de la distillerie. Elle ne fonctionna que neuf ans, avant d'être convertie en 1975 en une distillerie de vodka. Les embouteillages de single malts sont donc rares. Des embouteillages officiels et indépendants sont malgré tout encore réalisés pour écouler les stocks, et la rumeur court que les propriétaires auraient gardé 30 fûts.

LADYBURN 1973 ►
SINGLE MALT : LOWLANDS
50,4 % VOL.
Caractère moelleux et de chêne avec une douceur délicieusement vanillée.

LAGAVULIN

Écosse
Port Ellen, Islay
www.malts.com

Lagavulin se serait développée à partir de plusieurs distilleries clandestines. Fondée en 1817, elle fut reprise en 1836 par Alexander Graham, qui vendait les whiskies de l'île dans sa boutique à Glasgow. Peter Mackie, neveu de l'associé de Graham, entra dans l'entreprise. Il est l'inventeur du célèbre blend White Horse, composé en grande partie de malts d'Islay. Lorsque la distillerie voisine, Laphroaig, refusa de le fournir en whisky, Mackie décida de construire la distillerie Malt Mill sur le site de Lagavulin,

◄ LAGAVULIN 16 ANS
SINGLE MALT : ISLAY
43 % VOL.
Nez fumé, avec un parfum d'algues et d'iode, et une douceur en bouche qui s'assèche en une finale tourbée.

LAGAVULIN 12 ANS
SINGLE MALT : ISLAY
56,4 % VOL.
Une douceur initiale évolue vers un arôme malté et fruité, puis vers une finale sèche et tourbée.

dont il avait hérité à la mort de son oncle. Malt Mill fut démolie dans les années 1960, mais Lagavulin continua à profiter du succès du White Horse, jusqu'à ce que son 16 ans d'âge soit choisi en 1988 comme élément de base des « Classic Malts ».

Dans les années 1980, durant la baisse de la demande en scotch, Lagavulin ne fonctionnait que deux à trois jours par semaine. Seize ans plus tard, face à une demande à nouveau croissante, elle dut jongler avec les stocks amoindris. La part de whisky consacrée aux blends était de plus en plus faible. Désormais, 85 % de la production serait embouteillée en single malt.

LAGAVULIN DISTILLERS EDITION ▶

SINGLE MALT : ISLAY 43 % VOL.

Une version plus riche et aromatique que le 16 ans, avec toujours beaucoup de fumée dense et d'algues.

LAGAVULIN 21 ANS

SINGLE MALT : ISLAY 56,5 % VOL.

Fort et fumé d'une part, et dégageant une chaleur de sherry et de mélasse de l'autre. Les deux aspects sont parfaitement harmonieux.

LAMMERLAW

Nouvelle-Zélande
Embouteillé par Cadenhead
www.wmcadenhead.com

En 1974, la brasserie Wislon et la Malt Extract Company produisirent le premier malt légal de Nouvelle-Zélande, 100 ans après que le dernier whisky fut élaboré sur l'île. Mais les alambics étaient en acier inoxydable et l'alcool était mauvais. En 1981, la distillerie fut rachetée par Seagram, qui améliora la qualité du whisky et produisit un single malt 10 ans d'âge, le Lammerlaw, nommé d'après les montagnes voisines. En 2002, la distillerie fut démantelée et les fûts furent récupérés par les propriétaires de Milford. Cadenhead a embouteillé le Lammerlaw, qui fait partie de sa gamme World Whiskies.

◀ CADENHEAD'S LAMMERLAW 10 ANS
SINGLE MALT 47,3 % VOL.
De corps léger, un peu « vert » et céréalier, mais agréable au goût.

LANGS

Écosse

Propriétaire : Ian MacLeod
www.ianmacleod.com

Le single malt de Glengoyne, située à Glasgow, constitue le cœur de ce blend estimé. Celui-ci fut racheté en 1876 par deux marchands locaux, Alexander et Gavin Lang. En 1965, Robertson & Baxter rachetèrent la distillerie et la marque.

En 2003, le rachat par Ian MacLeod marqua un tournant important pour la marque. Aujourd'hui, les principaux produits de Langs sont le Langs Select 12 ans et le Langs Supreme.

LANGS SUPREME ►
BLEND 40 % VOL.
Nez à l'arôme malté riche, bien vieilli et avec un soupçon de sherry. Un blend très riche en saveur, moyennement doux, et dont la base Glengoyne ressort.

LANGS SELECT 12 ANS
BLEND 40 % VOL.
Nez de rhubarbe et de pomme cuite, grande saveur vanillée. Doux et léger. Plus riche sur le palais, avec des notes fruitées et une douceur de tarte au citron évoluant vers une finale épicée avec des soupçons de fumée tourbée.

LAPHROAIG

Écosse
Port Ellen, Islay
www.laphroaig.com

Laphroaig se distingue par ses whiskies fortement fumés, avec un mélange de chanvre, de savon et de feu de jardin, loin de la finale crémeuse, évoquant un cocktail, qu'il est néanmoins possible d'obtenir. Le caractère médicinal de ce whisky pourrait expliquer que le Laphroaig ait compté parmi les rares whiskies écossais autorisés lors de la prohibition aux États-Unis – il était considéré comme un

◄ LAPHROAIG 10 ANS CASK STRENGTH
SINGLE MALT : ISLAY
57,3 % VOL.
Goudron, algues, sel et quelques notes de bois douces. L'iode et la tourbe chaude se développent au cours de la finale longue et exceptionnelle.

LAPHROAIG 10 ANS
SINGLE MALT : ISLAY
40 % VOL.
Ce 10 ans d'âge est aussi très populaire. Sous la fumée de tourbe et les odeurs marines salées, se développe un malt rafraîchissant, jeune, au cœur doux.

« alcool médicinal » et pouvait être obtenu sur prescription médicale.

Laphroaig fut fondée en 1810 par Alexander et Donald Johnston, mais la production démarra officiellement cinq ans plus tard. Elle fut bâtie près de la célèbre distillerie Lagavulin, ce qui a mené parfois à des situations compliquées, notamment en ce qui concerne l'accès à l'eau. Aujourd'hui, la relation entre les distilleries est basée sur le respect. Laphroaig est l'une des rares distilleries à avoir conservé ses aires de maltage, qui lui permettent de satisfaire un cinquième de ses besoins.

LAPHROAIG QUARTER CASK ▶
SINGLE MALT : ISLAY
48 % VOL.
Ce whisky est au cœur de la gamme de base de la maison. L'utilisation de petits fûts permet d'accélérer la maturation et confère un goût doux et boisé, succombant à un éclat triomphal de la fumée de tourbe.

LAPHROAIG 25 ANS
SINGLE MALT : ISLAY
50,9 % VOL.
Caractère floral et épicé, avec de la fumée et des odeurs marines prenant le dessus seulement sur la finale.

LARK

Australie
14 Davey Street, Hobart, Tasmanie
www.larkdistillery.com.au

L'essor de la fabrication du whisky en Australie débuta en Tasmanie avec l'ouverture de cette petite distillerie à Hobart en 1992, d'après l'idée de Bill Lark, qui réalisa que l'île recelait tous les ingrédients : des champs d'orge à perte de vue, de l'eau de source en abondance, des tourbières et des conditions climatiques idéales.

Il est aidé de son épouse Lyn et de sa fille Kristy. Ils utilisent de l'orge Franklin, dont 50 % subissent un second séchage à la tourbe. Le malt est embouteillé single cask de 3 à 5 ans d'âge.

◄ LARK'S SINGLE MALT
SINGLE MALT 58 % VOL.
Malté et tourbé, avec des notes poivrées. Sensation onctueuse, avec du malt riche, des pommes et du bois de chêne, et quelques épices sur la finale.

LARK'S PM
BLENDED MALT 45 % VOL.
Nez doux et fumé, de même en bouche ; net et légèrement épicé. Ce whisky est un bon « schnaps d'orge ».

THE LAST DROP

Écosse
www.lastdropdistillers.com

Ce blend de première qualité, assez rare, est né de l'idée originale de trois vétérans de l'industrie, Tom Jago, James Espey et Peter Fleck. The Last Drop serait le mélange fortuit de whiskies très âgés, pré-mélangés et vieillis pendant 12 ans, puis reversés en fûts de sherry pour 36 ans de maturation supplémentaires. The Last Drop, fruit du hasard, ne pourrait donc être reproduit. Le blend est composé de whiskies provenant de distilleries fermées de longue date, les éléments plus jeunes ayant été distillés en 1960. Il ne reste que 1 347 bouteilles, l'unité valant 1 000 livres. Les derniers chanceux en savoureront chaque note gustative.

THE LAST DROP ▶
BLEND 54,5 % VOL.
Complexe sur le nez, avec de la figue, du chocolat et de la vanille. Combinaison originale de foin fauché, de fruits secs, d'herbes et de biscuits au beurre.

LAUDER'S

Écosse

Propriétaire : MacDuff International

Entre 1886 et 1893, le Lauder's Royal Northern Cream a raflé six médailles d'or lors de concours internationaux. Cela récompense les recherches du propriétaire, Archibald Lauder, et les nombreux tests effectués pour parvenir à ce whisky ; l'élaboration de ce blend aurait pris deux ans. Aujourd'hui, le Lauder's est toujours assemblé à Glasgow, par Macduff International. Le Lauder's Bar a été ouvert à Sauchiehall Street pour rendre hommage à Lauder lui-même. Le blend a largement échappé au public écossais, mais il est importé aux États-Unis par Barton Brands of Chicago, où il reste apprécié des consommateurs sachant en estimer la valeur.

◄ **LAUDER'S**

BLEND 40 % VOL.

Un blend léger et fruité, idéal pour une séance de dégustation et de cocktails.

LEDAIG

Écosse
Tobermory Distillery,
Tobermory, Mull

Lorsqu'il se lança dans la distillation en 1798, John Sinclair nomma sa distillerie Ledaig, puis la rebaptisa Tobermory, du nom de la capitale de Mull et du port principal de l'île. On ne sait quand exactement la distillerie changea de nom, car son histoire est plus marquée par ses fermetures que par sa production. Ces dernières années, l'entreprise a adopté une méthode similaire à celle de Springbank : elle produit un whisky typique de la côte ouest, corsé et lourdement tourbé, le Ledaig, et un whisky plus légèrement tourbé, le Tobermory (*voir* p. 346). Le Ledaig 10 ans fut commercialisé en 2008 et deux versions du Tobermory, 10 et 15 ans d'âge, sont disponibles.

LEDAIG 10 ANS ▶
SINGLE MALT : ISLANDS
43 % VOL.
Légèrement médicinal, mais riche en fumée de tourbe, légèrement poussiéreuse.

LIMEBURNERS

Australie

Great Southern Distilling Company,
252 Frenchman Bay Road, Albany,
Australie-Occidentale
www.distillery.com.au

Great Southern fut bâtie en 2007, d'après le projet de Cameron Syme, juriste et comptable. Le lieu fut choisi pour les hivers frais et humides typiques d'Albany, et pour la force éolienne qui fournit 75 % des besoins de l'entreprise. Elle est située près des entreprises vinicoles Margaret River, qui fournissent les ingrédients pour la fabrication de schnaps et de liqueur. Le whisky Limeburners est disponible en embouteillage single cask, le premier (M2), commercialisé en avril 2008, remporta un prix.

◄ LIMEBURNERS BARREL M11
SINGLE MALT 43 % VOL.
Le quatrième embouteillage (M11), « The Dark One », est vieilli en fûts de chêne français ayant contenu du cognac, puis affiné en fûts de bourbon.

LINKWOOD

Écosse
Elgin, Morayshire
www.malts.com

La distillerie Linkwood fut conçue de façon pragmatique et fut dès le départ en autonomie presque totale. La distillerie actuelle date des années 1870, lorsque le fils de Brown, William, démolit la distillerie d'origine pour en reconstruire une nouvelle. Celle-ci resta aux mains de propriétaires privés jusqu'en 1933, lorsqu'elle fut rachetée par DCL.

LINKWOOD FLORA & FAUNA 12 ANS ▶

SINGLE MALT : SPEYSIDE
43 % VOL.

Cette version de base est proche des whiskies les plus légers de la Speyside, avec un bouquet frais et herbeux de pomme verte et des notes discrètes d'épices. En bouche, une saveur douce-amère délicate et une longue finale.

LINKWOOD RARE MALTS 26 ANS

SINGLE MALT : SPEYSIDE
56,1 % VOL.

Vif pour un 26 ans d'âge. Légèrement fumé avec des notes de sucre caramélisé. Épicé et chaud sur la finale.

LOCH FYNE

Écosse
Propriétaire : Richard Joynson
www.lfw.co.uk

Créé par Ronnie Martin, ancien directeur de production à United Distillers (actuel Diageo), Loch Fyne est le house blend exclusif des Loch Fyne Whiskies d'Inverary. Ce whisky est assemblé et embouteillé sous licence pour cette distillerie spécialiste du whisky écossais.

Doux et fumé, le Loch Fyne est un blend aromatique que les propriétaires décrivent comme un whisky « à boire et à déguster sans concentration ». Apprécié des critiques, il a remporté des prix lors de concours internationaux. Il est également disponible en liqueur full strength 12 ans d'âge.

◀ LOCH FYNE PREMIUM SCOTCH
BLEND 40 % VOL.
Douillon sur le nez, avivé par des notes d'orange et de mandarine. Subtil, avec des arômes gras et de noix, et des soupçons de fumée. Onctueux et bien équilibré sur le palais : acide, salé, sucré et sec. La finale est étonnamment réchauffante.

LOCH LOMOND

Écosse

Alexandria, Dumbartonshire
www.lochlomonddistillery.com

Dans l'enceinte de la distillerie Loch Lomond, sur la rive sud du Loch Lomond, tous les types de whiskies sont produits, bien qu'à l'origine, seul du whisky de malt y ait été distillé. La distillerie fut construite en 1965 par Barton Brands of America en association avec Duncan Thomas. Vingt ans plus tard, elle fut rachetée par Alexander Bulloch et sa société, Glen Catrine Bonded Warehouse Ltd.

Aujourd'hui, du whisky de grain y est produit parallèlement au whisky de malt. Les colonnes de ses alambics peuvent être ajustées pour produire un alcool plus ou moins lourd ou léger.

LOCH LOMOND ▶
SINGLE MALT : HIGHLANDS
40 % VOL.
Sans âge et au prix compétitif, ce single malt doit être assez jeune. Arôme léger et frais, sans grande influence de bois.

LOCHRANZA

Écosse
Isle of Arran Distillers,
Lochranza, Arran
www.arranwhisky.com

Ce blend doit son nom au village où se situe la distillerie Isle of Arran. Elle fut établie en 1995 par un vétéran de l'industrie du whisky, Harold Currie, mais elle changea ensuite de propriétaire.

Lochranza est un blend standard, agréable, facile à déguster. Il pourrait se développer à l'avenir, car une partie du stock de single malt de la distillerie en cours de vieillissement pourrait être ajoutée à la recette. Arran Distillers produit également le blend Robert Burns (*voir* p. 301).

◄ LOCHRANZA
BLEND 40 % VOL.
L'impression initiale est celle du toffee fondu, suivi par de la poire et du chêne, et des soupçons de citron vert. Onctueux et doux, au goût léger de sherry et de bois, avec une finale moyenne. Un trait d'eau permet de révéler les arômes.

LOCKE'S

Irlande
Cooley Distillery, Riverstown,
Cooley, County Louth
www.cooleywhiskey.com

Difficile de croire qu'il y a 30 ans, cette distillerie remarquable était délabrée. Depuis les années 1950, lorsque l'entreprise Locke's ferma, les bâtiments furent convertis en porcheries et en hangars agricoles. À la fin des années 1970, la communauté locale rassembla ses efforts pour restaurer la distillerie. Après la fin de la rénovation, Cooley racheta les droits de la marque Locke's et loua les bâtiments. Ainsi, après des décennies de silence, les tonneaux de whiskey se remirent à rouler dans les entrepôts de pierre.

LOCKE'S 8 ANS MALT ►
SINGLE MALT 40 % VOL.
Ce malt est un mélange de malt non tourbé de Cooley et d'un peu de malt tourbé. Ce n'est pas un mauvais whiskey, mais il est un peu monotone.

LOCKE'S BLEND
BLEND 40 % VOL.
Une dégustation assez agréable. Dégusté sec, il peut être un peu monosyllabique, car il ne dégage qu'une note maltée.

LONG JOHN

Écosse

Propriétaire : Chivas Brothers

Malgré des ventes assez bonnes en France, en Scandinavie et sur les marchés hispanophones, le Long John est le parent pauvre de la maison Chivas Brothers, dominée par Chivas Regal et Ballantine's. Depuis sa fondation au début du XIXe siècle par Long John MacDonald, la marque est passée entre les mains de différents propriétaires. La Scottish Whisky Association's Directory of Member's Brands présente une version sans âge, ainsi qu'un 12 ans et un 15 ans d'âge.

◄ LONG JOHN 12 ANS

BLEND 40 % VOL.

Le blend contiendrait 48 whiskies de malts, dont le Laphroaig et le Highland Park. Blend de luxe, le Long John 12 ans appartient aux whiskies sombres traditionnels, et se distingue par son caractère particulier.

LONGMORN

Écosse
Elgin, Morayshire

En 1894, John Duff, Charles Shirres et George Thomson fondèrent la distillerie Longmorn. Avec ses quatre alambics, elle coûta quelque 2 millions de livres actuels. En cinq ans, Duff avait racheté les parts de ses associés et fondé BenRiach, non loin de Longmorn.

Depuis 2000, le 15 ans d'âge a été remplacé par une version plus âgée d'un an qui vise la catégorie de malts de qualité supérieure.

LONGMORN 16 ANS ▶
SINGLE MALT : SPEYSIDE
48 % VOL.

Son arôme de céréale est adouci par de la noix de coco issue du vieillissement en fûts de bourbon. La sensation en bouche est onctueuse et soyeuse, elle s'assèche sur la langue pour évoluer vers une finale fraîche, légèrement austère.

LONGMORN CASK STRENGTH 17 ANS 1991
SINGLE MALT : SPEYSIDE
49,4 % VOL.

Floral sur le nez et le palais. Vanille et poire mûre se mêlent aux notes de chêne.

LONGROW

Écosse

Springbank Distillery,
Well Close, Campbeltown, Argyll
www.springbankdistillers.com

En 1973, parallèlement à son whisky de malt principal, Springbank se mit à distiller un whisky lourdement fumé et corsé. Le nouveau whisky fut baptisé Longrow, d'après une ancienne distillerie voisine. Une tentative de commercialisation fut réalisée en 1985, puis le produit intégra la gamme de base en 1992.

Aujourd'hui, la gamme de base comprend un 10 ans et son équivalent brut de fût – le 10 ans 100 Proof – et un 14 ans.

◄ LONGROW 10 ANS

SINGLE MALT : CAMPBELTOWN
46 % VOL.

Ce whisky dense et phénolique présente une grande complexité fumée, ainsi qu'une douceur issue du vieillissement en fûts de bourbon et de sherry.

LONGROW 14 ANS

SINGLE MALT : CAMPBELTOWN
46 % VOL.

Fumée de charbon sur le nez et poussière de charbon sur le palais. Mélange de goûts industriels, dont le goudron, la saumure et la coke.

MACALLAN

Écosse
Easter Elchies, Craigellachie, Morayshire
www.themacallan.com

La distillerie Macallan acquit sa licence en 1824 – il s'agissait alors de la distillerie Elchies. Lorsqu'elle fut vendue à Roderick Kemp en 1892, elle produisait 180 000 litres par an. La distillerie fut agrandie et resta aux mains de la famille jusqu'en 1996, à son rachat par Highland Distillers (aujourd'hui filiale du groupe Edrington), pour 180 millions de livres. ☛

THE MACALLAN 10 ANS ▶
SINGLE MALT : SPEYSIDE
40 % VOL.
La griffe Macallan, vieilli en cuves de sherry. Ce whisky populaire a un nez de fruits secs et un parfum léger de toffee, ainsi qu'un arôme bien rond.

THE MACALLAN FINE OAK 10 ANS
SINGLE MALT : SPEYSIDE
40 % VOL.
L'influence du sherry est moins forte que dans le 10 ans standard, et le caractère frais, vif et malté de la distillerie transparaît davantage.

MACALLAN

☛ La distillerie avait été rénovée dans les années 1950, et le nombre d'alambics porté à 21. Le 10 ans d'âge était en outre devenu l'un des single malts de la Speyside leaders sur le marché. La distillerie utilise traditionnellement des fûts de sherry, importés d'Espagne. Cela confère au whisky une couleur ambrée et un caractère de cake aux fruits. En 2004, l'arrivée de la gamme Fine Oak, dont les whiskies sont vieillis en fûts de bourbon, puis en cuves de sherry, a marqué une rupture radicale dans la production de l'entreprise, tout en élargissant l'attrait pour la marque.

◄ THE MACALLAN 30 ANS
SINGLE MALT : SPEYSIDE
43 % VOL.
Un grand whisky à déguster en fin de repas. Nez doux de sherry, et saveurs épicées d'écorce d'orange, clou de girofle et datte s'attardant sur la finale.

THE MACALLAN 25 ANS
SINGLE MALT : SPEYSIDE
43 % VOL.
Des notes d'agrumes accompagnent le caractère mûr de fruits secs, issu des cuves de sherry, et qui apporte un peu de fumée de bois sur la langue.

MACARTHUR'S

Écosse
Propriétaire : Inver House Distillers

Le clan MacArthur, qui lutta contre Robert Bruce pour l'indépendance de l'Écosse, donna par la suite son nom à ce blend standard. Ses origines remontent aux années 1870, lors du développement de l'assemblage, notamment grâce aux marchands indépendants. MacArthur's appartient aujourd'hui à Inver House Distillers, qui le présente comme ayant un « arôme léger, onctueux, avec de la vanille et du toffee issu du vieillissement en fûts ». Le whisky MacArthur's n'a aucun lien avec les single malts d'embouteillages indépendants de la marque James MacArthur.

MACARTHUR'S ▶
BLEND 40 % VOL.
Nez parfumé, au malt d'orge, avec des notes arrières douces et acidulées. Un whisky simple, aromatique, de corps moyen, onctueux et moelleux sur le palais, et avec une finale fraîche et durable.

MACKMYRA

Suède
Mackmyra, Bruksgatan 4,
81832 Valbo
www.mackmyra.se

Fondée en 1999, Mackmyra commercialisa en 2006 son premier embouteillage en édition limitée, le Preludium 01. Les Preludium 02, 03, 04 et 05 suivirent rapidement. Le Preludium 06 fut commercialisé en décembre 2007, et le Special 01 en juin 2008. La distillerie propose également des embouteillages single cask, dans la gamme Reserve.

◄ MACKMYRA PRELUDIUM 06
SINGLE MALT 50,5 % VOL.
Fruité, avec des arômes de citron, poire, banane et miel. Soupçons de caramel, chêne grillé et poivre. Caractère fumé, avec des notes sous-jacentes de genièvre. La finale apporte de la douceur, du chêne grillé issu des fûts, de la fumée et une pointe de sel.

MACKMYRA PRELUDIUM 05
SINGLE MALT 48,4 % VOL.
Nez marqué par la pâte d'amande, la crème pâtissière et une note de citron. Saveurs de crème brûlée, chocolat amer et zeste de citron. Légèrement gras et métallique, céréalier sur la finale – l'eau le rend plus crémeux.

MAGILLIGAN

Irlande
Cooley Distillery, Riverstown, Cooley, County Louth

Ce whiskey est déroutant. L'étiquette annonce un pure pot still, mais il s'agit d'un jeune single malt produit par Cooley (bien que la marque n'appartienne pas à Cooley). L'erreur réside dans la législation irlandaise, car elle ne définit pas légalement ce que constitue un « pure pot still ». À l'heure actuelle, tout whiskey distillé dans un pot still peut être qualifié de « pot still whiskey ». Aux consommateurs de prendre garde.

Le Magilligan est disponible sous différentes formes, dont un millésime 1991, en édition limitée, embouteillé à 46 % vol.

MAGILLIGAN ▶
SINGLE MALT 43 % VOL.
Un malt jeune et léger, qui promet de belles choses, mais qui a été embouteillé trop tôt. Une version 8 ans d'âge existe aussi, mais le Magilligan standard a le goût d'un mélange de whiskeys entre 3 et 5 ans d'âge.

MAKER'S MARK

États-Unis
3350 Burks Springs Road,
Loretto, Kentucky
www.makersmark.com

La distillerie Maker's Mark se trouve sur les rives du Hardin's Creek, près de Loretto. Fondée en 1805, elle est la distillerie américaine la plus ancienne encore en fonctionnement sur son site d'origine. La marque Maker's Mark fut développée dans les années 1950 par Bill Samuels Jr, et elle appartient aujourd'hui au groupe Fortune Brands Inc.

◄ MAKER'S MARK
BOURBON 45 % VOL.
Un nez subtil, complexe et net, marqué par la vanille et les épices, accompagnées d'une délicate note florale de rose, ainsi que du citron vert et des fèves de cacao. De corps moyen, il présente un palais de fruits frais, d'épices, d'eucalyptus et de cake au gingembre. La finale dégage davantage d'épices, du chêne frais avec un soupçon de fumée, et un ultime éclat de cheesecake à la pêche.

MANNOCHMORE

Écosse
Elgin, Morayshire
www.malts.com

Au départ, Mannochmore se contentait de fournir du whisky de malt à Haig, le blend alors le plus vendu au Royaume-Uni. Quatorze ans plus tard, la distillerie fut victime de la surproduction croissante et dut fermer. La production reprit en 1989 et, trois ans plus tard, le premier malt officiel fut commercialisé dans la gamme Flora & Fauna.

MANNOCHMORE
FLORA & FAUNA 12 ANS ▶
SINGLE MALT : SPEYSIDE
43 % VOL.
Un whisky à déguster en apéritif. Le nez est léger et floral, mais un caractère plus savoureux, épicé, avec des notes de réglisse et de vanille, se développe en bouche.

MANNOCHMORE
RARE MALTS 22 ANS
SINGLE MALT : SPEYSIDE
60,1 % VOL.
Distillée en 1974, cette édition limitée dégage des arômes parfumés et fleuris. Herbacé et poivré, avec une touche de tourbe.

MASTERSTROKE

Inde

Propriétaire : Diageo Radico
www.radicokhaitan.com
www.diageo.com

Le Masterstroke Deluxe Whisky, un IMFL de la catégorie « prestige », fut commercialisé par Diageo Radico en février 2007. La société est un partenariat commercial inédit entre Radico Khaitan Ltd, « l'entreprise indienne de liqueurs à la croissance la plus rapide », et la plus grande société de spiritueux au monde, Diageo. En trois mois, la marque fut approuvée par la grande star de Bollywood, Shah Rukh Khan.

◄ **MASTERSTROKE**
BLEND 42,8 % VOL.
Nez et sensation en bouche riches, donnés par une généreuse quantité de single malt Blair Athol. Bien équilibré, avec la finale légère typique des IMFL.

MCCARTHY'S

États-Unis
Clear Creek Distillery,
2389 NW Wilson Street,
Portland, Oregon
www.clearcreekdistillery.com

Steve McCarthy créa la distillerie Clear Creek il y a plus de 20 ans, et le whiskey y est distillé depuis plus d'une décennie. Steve McCarthy estime que son whiskey, élaboré à partir d'orge maltée importée d'Écosse, « serait un Scotch single malt si l'Oregon était l'Écosse ».

MCCARTHY'S OREGON ►
SINGLE MALT 40 % VOL.
Ce whiskey est d'abord vieilli en fûts de sherry usagés pendant deux ou trois ans, puis il est affiné pendant six à douze mois en fûts de chêne de l'Oregon séché a l'air. Nez épicé évoquant le hareng saur, avec un soupçon de soufre, de tourbe et de vanille. Le palais est gras, doux et fumé à la fois, au corps plein ; et la finale longue est marquée par du chêne sec, du malt, des épices et du sel.

MCCLELLAND'S

Écosse
Propriétaire : Morrison Bowmore

Les single malts McClelland's offrent la possibilité d'explorer l'Écosse et ses grandes régions de distillation. Commercialisé en 1986, ce whisky fut présenté sous trois versions : Highland, Lowland et Islay. Le succès fut tel qu'une quatrième version, Speyside, fut ajoutée en 1999. Selon l'entreprise, chaque whisky est sélectionné pour refléter l'essence même de la région de production.

◄ MCCLELLAND'S HIGHLAND
SINGLE MALT : HIGHLANDS 40 % VOL.
Notes boisées délicates sur le nez, avec de la crème au beurre et de la vanille. Douceur initiale évoluant vers des soupçons de fruits frais et de citron vert.

MCCLELLAND'S ISLAY
SINGLE MALT : ISLAY 40 % VOL.
Le nez est de type Islay : fumée de bois et cendres, goudron, vanille et soupçons d'agrumes. Sel marin en notes vigoureuses, chêne brûlé et fumée de tourbe, avec des nuances de vanille sur le palais.

La marque affirme être en quatrième position des ventes sur le marché américain, où elle rivalise avec Glenlivet, Glenfiddich et The Macallan. Elle est aussi présente sur les marchés internationaux, notamment à Taïwan, en Autriche, en Afrique du Sud, au Japon, au Canada, en France, en Russie et aux Pays-Bas. Un Speyside 12 ans d'âge fut proposé en 2008 et sera bientôt complété par un Highland, un Lowland et un Islay du même âge.

MCCLELLAND'S LOWLAND ▶
SINGLE MALT : LOWLANDS
40 % VOL.
Nez riche et floral avec des soupçons de noix de muscade, de gingembre et d'agrumes. Très net et délicat sur le palais, avec des notes florales.

MCCLELLAND'S SPEYSIDE
SINGLE MALT : SPEYSIDE
40 % VOL.
Nez de menthe, de bois de pin coupé, avec des soupçons de chocolat et du malt doux. Initialement doux, il développe des arômes de noix et des soupçons floraux.

MCDOWELL'S

Inde

Propriétaire: United Spirits
www.unitedspirits.in

En 1826 à Madras, l'Écossais Angus McDowell fonda McDowell & Co, une société spécialisée dans les liqueurs et les cigares. Le whisky McDowell's No. 1 fut commercialisé en 1968.

Une distillerie de whisky de malt fut bâtie à Goa en 1971 pour McDowell & Co. Le whisky y est distillé selon la méthode écossaise et vieillit environ trois ans en fûts de bourbon. Le climat de Goa accélérerait le vieillissement. Le produit est présenté comme « le premier whisky single malt élaboré en Asie ».

◄ MCDOWELL'S NO. 1 RESERVE
BLEND 42,8 % VOL.
Mélange de scotch et de malts indiens Select. Nez de figue sèche et de tabac doux, puis de pruneau et de datte. Le goût est d'abord doux, puis du sucre cuit se développe. Finale courte.

MCDOWELL'S SINGLE MALT
SINGLE MALT 42,8 % VOL.
Nez de céréales fraîches et de fruits, un goût doux, acidulé, il rappelle les jeunes whiskies de la Speyside.

MELLOW CORN

États-Unis
Heaven Hill Distillery,
1701 West Breckinridge Street,
Louisville, Kentucky
www.heaven-hill.com

Heaven Hill déclare : « Ancêtre et proche cousin du Bourbon, le straight corn whiskey américain est défini par le gouvernement des États-Unis comme un whiskey dont le mashbill contient au moins 81 % de maïs, le reste étant composé d'orge maltée et de seigle. »

Aujourd'hui, Heaven Hill est le dernier producteur national de ce type de whiskey traditionnel, sous la forme du Georgia Moon (*voir* p. 128) et du Mellow Corn.

MELLOW CORN ▶
CORN WHISKEY 50 % VOL.
Nez marqué par la vanille et le vernis à bois, avec des notes herbeuses et florales. Le palais est grand, gras et fruité, avec de la pomme caramélisée. La finale comporte davantage de fruit, ainsi que de la meringue au caramel et une note raffinée de vanille.

MICHAEL COLLINS

Irlande

www.michaelcollinswhiskey.com

Si les Irlandais connaissent l'histoire du général Michael Collins, rares sont ceux qui ont goûté le whiskey. Ce whiskey était en effet destiné au marché américain par la distillerie Cooley, associée à l'importateur Sidney Frank. Cependant, il est aujourd'hui distribué des deux côtés de l'Atlantique. Différent des whiskeys irlandais ordinaires, le Michael Collins est distillé deux fois et il est légèrement tourbé. Le blend est un mélange de whiskey de malt et de whiskey de grain plus jeune.

◄ MICHAEL COLLINS SINGLE MALT

SINGLE MALT 40 % VOL.

Doux et accessible, avec de nombreux arômes de biscuits. Des notes de vanille émergent avec un soupçon de fumée.

MICHAEL COLLINS BLEND

BLEND 40 % VOL.

Moins impressionnant que le single malt. Léger, avec un parfum de braises de bois, mais manque d'une véritable finale.

MIDLETON

Irlande
Midleton, County Cork
www.irishdistillers.ie

Parmi tous les spiritueux produits à Midleton – Jameson, Powers, Paddy et tous les whiskeys d'Irish Distillerss –, il n'existe qu'un seul whisky régulier portant le nom de Midleton. Lancé en 1984, Midleton Very Rare vise le marché de première qualité et son prix reflète tout ce que ce marché implique. Un nouveau millésime est proposé à chaque fin d'année.

MIDLETON VERY RARE ▶
BLEND 40 % VOL.
Le nez offre un habile équilibre. Des notes de chêne raffinées et de céréales vives évoluent vers de la cire d'abeille. Le corps est plein et souple, et la finale se déchaîne en vagues de noix soyeuse.

MIDLETON MASTER DISTILLER'S PRIVATE COLLECTION 1973
PURE POT STILL 56 % VOL.
Pure pot still produit par la distillerie Midleton. Seules 800 bouteilles de la version 30 ans furent commercialisées. Son goût est épicé, fruité et mielleux, avec une saveur de noix et de sherry.

MILFORD

Nouvelle-Zélande
The New Zealand Malt Whisky Company & Preston Associates, 14-16 Harbour St, Oamaru
www.milfordwhisky.co.nz

À l'origine, le whisky Milford était fabriqué à la distillerie Willowbank à Dunedin, sur l'île du Sud, qui appartenait à la brasserie Wilson (*voir* Lammerlaw p. 224). The New Zealand Malt Whisky Company a aujourd'hui la marque Milford (ainsi que la marque Prestons). Elle est en train de bâtir une distillerie à Bannockburn, Central Otago. Elle a également ouvert un entrepôt à Oamaru, où le nouveau malt Milford sera vieilli et embouteillé.

◄ MILFORD 10 ANS
SINGLE MALT 43 % VOL.
Souvent comparé à un malt écossais des Lowlands, le Milford 10 ans présente un nez léger, sec et parfumé ; le goût est doux puis sec, avec une finale courte légèrement boisée.

MILLARS

Irlande
Cooley Distillery, Riverstown,
Cooley, County Louth
www.cooleywhiskey.com

Jadis, la moindre goutte de whiskey était embouteillée par les entrepositaires. Gilbey's, Mitchell's ou Millars achetaient le whiskey en grande quantité puis le revendaient à leur clientèle, le plus souvent directement soutiré du fût. Cette méthode commença à se perdre à la fin du XXe siècle, et Adam Millars & Co., de Dublin, furent les seuls entrepositaires à survivre. La marque Millars appartient désormais à Cooley. Ce whiskey assez rare est un blend à forte teneur en whiskey de grain.

MILLARS SPECIAL RESERVE ▶
BLEND 40 % VOL.
Un magnifique petit whiskey.
Une dégustation joviale, véritablement amusante. Le caractère poivré sur le nez est soutenu par un corps épicé et savoureux.

MILLBURN

Écosse
Inverness, Inverness-shire

La localisation de Millburn, près d'Inverness, sur la route d'Elgin, a conduit à son malheur. En effet, lors de la crise de l'industrie du whisky dans les années 1980, la distillerie n'était pas assez éloignée pour n'être fermée que provisoirement et redémarrer lorsque la conjoncture le permettrait. Elle ferma donc définitivement en 1985 et fut convertie en grill ; aujourd'hui, le bâtiment abrite un hôtel-restaurant nommé The Auld Distillery. Des embouteillages en édition limitée sont toujours commercialisés, par intermittence, par le propriétaire des stocks, Diageo.

◄ MILLBURN RARE MALTS 25 ANS
SINGLE MALT : SPEYSIDE 61,9 % VOL.
Cet embouteillage de la gamme Rare Malts est un whisky épais, sec et difficile en bouche, avec du bois humide, de la fumée et de l'écorce d'orange.

MILLSTONE

Pays-Bas
Zuidam, Weverstraat 6, 5111 PW, Baarle Nassau
www.zuidam-distillers.com

Cette entreprise, qui distillait le gin il y a environ 50 ans, est désormais une société dirigée par la deuxième génération de la famille Zuidam. Elle produit de bons single malts de façon artisanale, ainsi que des *jenevers* (genièvres, ancêtres du gin), jeunes ou âgés. Le single malt 5 ans d'âge Millstone fut commercialisé en 2007, suivi de son équivalent 8 ans d'âge. Le whisky est vieilli dans des fûts de bourbon ou de sherry usagés. Une version 10 ans d'âge est en préparation.

MILLSTONE 5 ANS ►
SINGLE MALT 40 % VOL.
Délicates tonalités de fruits et de miel, associées à de la vanille, du bois et un soupçon de noix de coco. Riche douceur de miel, notes délicatement épicées et une longue finale de chêne vanillé.

MILTONDUFF

Écosse
Miltonduff, Elgin, Morayshire

Miltonduff, qui faisait jadis partie des distilleries clandestines qui fleurissaient dans la Speyside du XIXe siècle, appartient à Pernod Ricard depuis 2005. Une grande partie des 5,5 millions de litres produits chaque année est destinée au célèbre blend Ballantine's Finest. Un embouteillage officiel de 15 ans d'âge est désormais disponible, ainsi qu'une gamme d'embouteillages indépendants plus large, notamment par Gordon & MacPhail.

◄ MILTONDUFF 15 ANS
SINGLE MALT : SPEYSIDE
46 % VOL.
Embouteillage officiel, non filtré à froid, assez rare. Caractère typique de la Speyside, doux et mielleux. Arôme de cuir et une saveur herbale et de noix.

MILTONDUFF GORDON & MACPHAIL 1968
SINGLE MALT : SPEYSIDE
40 % VOL.
Cet embouteillage rare de Gordon & MacPhail a un caractère riche de sherry avec des notes de réglisse, de menthol et de gingembre confit.

MONKEY SHOULDER

Écosse
Propriétaire : William Grant & Sons

Si le nom est extravagant, ce blend, produit par William Grant & Sons, rend hommage aux ouvriers de maltage dont les conditions de travail étaient rudes : ils souffraient souvent de rhumatismes et cette maladie était appelée *monkey shoulder*.

La bouteille est ornée de trois singes qui évoquent les trois single malts dont le blend est composé : Glenfiddich, Balvenie et Kininvie. À sa commercialisation, on insista sur la capacité de ce blend à entrer dans la préparation de mélanges.

MONKEY SHOULDER ▶
BLEND 40 % VOL.
Nez de banane, de miel, de poire et de quatre-épices. Vanille, noix de muscade, soupçons d'agrumes et fruits sur le palais. Finale sèche, puis un court éclat de menthol.

MORTLACH

Écosse

Dufftown, Keith, Banffshire
www.malts.com

Les six alambics de Mortlach sont configurés selon un schéma assez complexe : un cinquième de l'alcool est distillé trois fois dans un alambic intermédiaire, le « Wee Witchie ». Cela ajoute de la richesse et de la profondeur à l'alcool, qui est ensuite rendu à l'état liquide dans des condenseurs à serpentin, situés à l'extérieur du bâtiment, pour produire un whisky plus robuste.

◀ MORTLACH FLORA & FAUNA 16 ANS

SINGLE MALT : SPEYSIDE
43 % VOL.

L'influence du sherry est forte, bien que l'équilibre de ce malt complexe et agréable soit maintenu. Nez caractérisé par des notes de chocolat à la menthe.

MORTLACH 21 ANS

SINGLE MALT : SPEYSIDE
43 % VOL.

Nez de caramel et de fruits. Plus sec sur le palais, l'influence du bois de sherry offre des saveurs de chêne et de résineux.

MURREE

Pakistan
Murree Distillery,
National Park Road, Rawalpindi
www.murreebrewery.com

Avec une dérogation accordée aux propriétaires, non musulmans, afin qu'ils puissent distiller des boissons alcoolisées « destinées aux touristes et aux non musulmans », il s'agit de la seule entreprise de boissons alcoolisées dans un pays musulman.

L'orge, importée du Royaume-Uni, est maltée sur des aires de maltage et dans des Saladin boxes. Une partie de l'alcool est versée en fûts, mais la majeure quantité est placée dans des cuves (certaines en chêne australien), le whisky est vieilli dans des caves climatisées.

MURREE'S CLASSIC 8 ANS ▶
SINGLE MALT 43 % VOL.
Un nez floral, évoquant le beurre ; de même pour la finale. Un whisky un peu vert, avec un goût de bonbons.

MURREE'S RAREST 21 ANS
SINGLE MALT 43 % VOL.
C'est le plus vieux whisky asiatique, les notes de Murree sont développées et approfondies, accompagnées d'une bonne dose de saveurs issues du bois.

NANT

Australie
The Nant Estate, Bothwell, Tasmanie
www.nantdistillery.com.au

La propriété Nant, en Tasmanie, fondée en 1821, fut achetée en 2004 par Keith et Margaret Batt, dans le but de bâtir une distillerie sur le site de cette ancienne ferme. Sur les conseils experts de Bill Lark (*voir* Lark p. 228), la production débuta en avril 2008. L'objectif est de produire un nombre limité de fûts chaque année. L'orge et l'eau de la distillerie viennent de la propriété, et un moulin restauré produit le grist. Le site dispose aussi d'un agréable centre touristique.

◀ NANT DOUBLE MALT
BLENDED MALT 43 % VOL.
Il s'agit d'un mélange de deux fûts sélectionnés dans d'autres distilleries de Tasmanie, et qui donne une idée de la saveur des futurs whiskies Nant. Doux et fruité, avec des prunes et du soda parfumé à la vanille, il est onctueux et de corps moyen.

NIKKA

Japon
Nikka 1, Aobaku, Sendaishi,
Miyagiken ; Kurokawacho 7-6,
Yoichimachi, Yoichigun, Hokkaido
www.nikka.com

La deuxième plus grande société de distillation japonaise fut fondée en 1933 par Masataka Taketsuru, qui avait appris l'art de la distillation en Écosse. Sa compagnie, Nikka, gère deux distilleries

NIKKA WHISKY FROM THE BARREL ▶

BLEND 51,4 % VOL.

Ce blend, composé de whisky de malt et de grain, subit un vieillissement prolongé en fûts de bourbon neufs. Le nez est franc, floral, avec une note de pêche, et une bouffée évoquant l'huile de romarin et la sève de pin. Le palais est doux, avec de la vanille, un soupçon de cherry et beaucoup d'épices sur la finale. Un blend savoureux.

NIKKA ALL MALT

BLENDED MALT 40 % VOL.

Un mélange de malt distillé dans un pot still et d'un moût 100 % pur malt distillé dans un alambic de type Coffey. Sur le nez, une étonnante association de chêne doux et sec accompagnée de banane. Le palais est doux et onctueux.

NIKKA

de malt à Yoichi et à Miyagikyo. Elle possède aussi des entreprises de whisky de grain, et un portefeuille de produits comportant des blends et des single malts,

Nikka s'est récemment concentrée sur l'exportation. Bien que ses blends soient disponibles à l'étranger, l'élan de son développement commercial a été donné par ses gammes de single malts, Nikka Miyagikyo et Nikka Yoichi.

◄ NIKKA PURE MALT RED
BLENDED MALT 43 % VOL.
Léger et parfumé, avec des soupçons d'ananas, pomme et poire, et une douceur de chêne évoquant l'amande. Cette délicatesse se poursuit sur le palais, la finale est légèrement acidulée.

NIKKA SINGLE COFFEY MALT
MALTED BARLEY MASH 55 % VOL.
Ce whisky unique est obtenu par la distillation d'un moût composé d'orge maltée seule dans un alambic de type Coffey. Le whisky oscille entre whisky de malt et whisky de grain. Le nez est doux, souple et rond, avec des notes de banane, miel, noix de coco, kaki et herbe sèche. Consistant et doux sur le palais, avec des soupçons de noix de muscade, de cannelle, de pêche et de vanille.

NIKKA MIYAGIKYO

Japon
Nikka 1, Aobaku, Sendaishi, Miyagiken
www.nikka.com

Miyagikyo est la seconde distillerie fondée par Nikka. Le site compte une distillerie de malt dotée de huit alambics et une distillerie de grain avec deux ensembles d'alambics différents. Le style prédominant est légèrement parfumé et fruité, mais la gamme comporte aussi des whiskies plus tourbés.

NIKKA MIYAGIKYO 10 ANS ▶
SINGLE MALT 45 % VOL.
Caractère typique de la maison, avec un nez floral : lys, ajoncs chauds, lilas et une touche d'anis en arrière-plan. Le palais présente une note de chêne frais équilibrée, quelques notes de caramel, et une finale évoquant le pin.

NIKKA MIYAGIKYO 12 ANS
SINGLE MALT 45 % VOL.
Les deux années supplémentaires de vieillissement donnent au nez plus de fleurs et de fruits exotiques doux, dont la mangue et le kaki. Le caractère, plus riche, est celui de la vanille. Bonne structure, avec une bouffée de fumée.

NIKKA TAKETSURU

Japon

Nikka 1, Aobaku, Sendaishi, Miyagiken ; Kurokawacho 7-6, Yoichimachi, Yoichigun, Hokkaido
www.nikka.com

Cette petite gamme de blended malts doit son nom au fondateur de Nikka, Masataka Taketsuru. Comme la gamme Pure Malt, elle est composée de whiskies produits par les deux sites de la société.

◄ NIKKA TAKETSURU 17 ANS
BLENDED MALT 43 % VOL.
Complexité d'un vieux whisky. La fumée est plus présente que dans le 12 ans. Arômes de boîte de cigares, de vernis et de cuir. Avec de l'eau, un caractère frais de fruits exotiques se dévoile, qui domine le palais, avant que la fumée de tourbe ne prenne le dessus. Whisky net, rigoureux et complexe.

NIKKA TAKETSURU 21 ANS
BLENDED MALT 43 % VOL.
Ce whisky très récompensé présente une fumée immédiate. L'alcool est plus épais, plus riche et plus sombre : fruits des bois mûrs, gâteaux, chêne et une touche de champignons, voire de truffes. Sirops de fruits, figue, pruneau, fumée, c'est un whisky complexe.

NIKKA YOICHI

Japon
Kurokawacho 7-6, Yoichimachi,
Yoichigun, Hokkaido
www.nikka.com

Les malts de Yoichi sont proches de leurs cousins écossais, dont les whiskies de Campbeltown et Islay. La distillerie produit plusieurs gammes de whiskies aux styles variés, dont la Yoichi, célèbre pour ses malts robustes, gras et fumés.

NIKKA YOICHI 10 ANS ▶
SINGLE MALT 45 % VOL.
Note maltée discrète inhabituelle pour un single malt japonais. Embruns et fumée légère sur le nez. Notes de fruits caramélisés. Le caractère gras de Yoichi couvre la langue, tandis que la fumée évolue de la note parfumée à la note charbonneuse ; des fleurs séchées apparaissent sur la finale.

NIKKA YOICHI 12 ANS
SINGLE MALT 45 % VOL.
Yoichi classique : développé, profond, robuste et complexe. La saveur tourbée confère un caractère terreux à la saveur charbonneuse. Les poires et les pêches au four produisent une douceur équilibrée, compensée par de la fumée, de la réglisse et de la bruyère.

THE NOTCH

États-Unis
Triple Eight Distillery,
5&7 Bartlett Farm Rd,
Nantucket, Massachusetts
www.ciscobrewers.com

Dean et Melissa Long fondèrent leur entreprise vinicole en 1981, puis la brasserie Cisco en 1995. Deux ans plus tard, ils fondèrent Triple Eight, la seule microdistillerie de la région. Le premier single malt fut distillé en 2000 sous le nom de The Notch Whiskey car, bien qu'il soit produit dans le style écossais, ce n'est pas un scotch *(not scotch)*. Il est vieilli en fûts de bourbon puis affiné en fûts de chêne merlot français.

◄ THE NOTCH
SINGLE MALT 44,4 % VOL.
Nez marqué par des arômes doux d'amande et de fruits, avec de la vanille et des notes grillées de chêne en arrière-plan. Le palais présente des notes onctueuses de miel et de poire, il évoque aussi le merlot. La finale est longue et herbeuse.

OBAN

Écosse
Oban, Argyll
www.malts.com

La distillerie Oban date de 1793. Oban était alors un village de pêcheurs de la côte ouest. Depuis, la ville, surnommée « la porte vers les îles », s'est développée autour de la distillerie, empêchant toute extension du site.

Depuis 1988, Oban fait partie de la gamme des « Classic Malts » de Diageo. Devant un tel succès, Diageo peut regretter de n'avoir pas choisi une distillerie plus productive.

OBAN 14 ANS ▶
SINGLE MALT : HIGHLANDS
43 % VOL.
Le caractère frais et maritime de la distillerie est adouci par le vieillissement au contact du bois. L'influence du sherry confère un caractère riche de fruits secs.

OBAN DISTILLERS EDITION 1992
SINGLE MALT : HIGHLANDS
43 % VOL.
Un malt de 15 ans, vieilli dans différents fûts. Les arômes épicés et de chêne dominent l'influence de sherry, donnée par l'affinage en fûts d'ontilla fino.

OLD CHARTER

États-Unis

Buffalo Trace Distillery,
1001 Wilkinson Boulevard,
Frankfort, Kentucky
www.buffalotrace.com

La marque Old Charter date de 1874. Son nom a une réelle origine historique puisqu'il fait référence au chêne dans lequel fut dissimulée la charte coloniale aux Anglais en 1687 *(The Charter Oak)*.

La distillerie Buffalo Trace date elle-même du début du XXe siècle, elle fait partie du National Register of Historic Places.

◄ OLD CHARTER 8 ANS
BOURBON 40 % VOL.
Sec et poivré au départ sur le nez, avec des arômes doux, évoquant le beurre émergeant progressivement. Rond sur le palais avec des fruits, de la vanille, du vieux cuir et des clous de girofle. La finale est longue et sophistiquée.

OLD CROW

États-Unis
Jim Beam Distillery,
149 Happy Hollow Road,
Clermont, Kentucky
www.jimbeam.com

L'Old Crow doit son nom à James Christopher Crow, chimiste et distillateur du Kentucky, d'origine écossaise. Avec l'Old Grand-Dad et l'Old Taylor, cette marque fut achetée par Jim Beam aux National Distillers en 1987, et les trois distilleries associées à ces bourbons furent fermées. Aujourd'hui, toute la production se déroule dans les distilleries Jim Beam à Boston et à Clermont.

OLD CROW ▶
BOURBON 40 % VOL.
Nez complexe, avec du malt, du seigle et des notes de fruits vives associées à des épices douces. Le palais évolue au gré d'éléments épicés, maltés et acidulés, les notes d'agrumes et d'épices étant prédominantes.

OLD FITZGERALD

États-Unis

Heaven Hill Distillery,
1701 West Breckinridge Street,
Louisville, Kentucky
www.heaven-hill.com

L'Old Fitzgerald fut nommé par John E. Fitzgerald, qui fonda la distillerie à Frankfort en 1870. Lorsque les frères Stitzel, Philip et Frederick, fusionnèrent leur société avec celle de William Larue Weller & Sons, ils ouvrirent en 1935 une distillerie, Stitzel-Weller, où est désormais produit l'Old Fitzegerald.

◄ VERY SPECIAL OLD FITZGERALD 12 ANS

BOURBON 45 % VOL.

Un bourbon complexe et équilibré, dont le mashbill comprend un peu du blé à la place du seigle. Le nez est riche, fruité, évoquant le cuir, tandis que le palais présente des notes douces et fruitées, équilibrées par des épices et du chêne. La finale est longue et s'assèche progressivement, et la vanille s'estompe en des notes de chêne.

OLD FORESTER

États-Unis
Brown-Forman Distillery,
850 Dixie Highway,
Louisville, Kentucky
www.brown-forman.com

Les origines de l'Old Forester remontent à 1870, lorsque George Garvin Brown fonda une distillerie à Louisville, Kentucky. Au départ, le whiskey s'écrivait « Forrester » et certains pensent que c'était en hommage à Nathan Bedford Forrest, officier de l'armée confédérée.

OLD FORESTER ▶
BOURBON 43 % VOL.
Nez complexe avec des notes florales, de la vanille, des épices, des fruits, du chocolat et du menthol. Plein et fruité en bouche, pêche et seigle rivalisent avec le fudge, la noix de muscade et le chêne. La finale présente plus de seigle, du toffee, de la réglisse et du chêne.

OLD FORESTER
BIRTHDAY BOURBON (2007)
BOURBON 47 % VOL.
Doux sur le nez, avec de la cannelle, du caramel et de la vanille, et une note de menthe. Le palais est complexe et plein, avec du caramel, des pommes, du chêne vanillé et une longue finale nette et réchauffante.

OLD GRAND-DAD

États-Unis

Jim Beam Distillery,
149 Happy Hollow Road,
Clermont, Kentucky
www.jimbeam.com

L'Old Grand-Dad fut créé en 1882 par le petit-fils du distillateur Basil Hayden (*voir* p. 39). Lorsque la marque et la distillerie furent rachetées par American Brands (aujourd'hui Fortune Brands Inc), ces nouveaux propriétaires fermèrent la distillerie. La production est désormais réalisée dans les distilleries Jim Beam de Boston et de Clermont.

◄ OLD GRAND-DAD
BOURBON 43-57 % VOL.
Contenant un fort pourcentage de seigle, le nez révèle des oranges et des épices poivrées. Le corps est assez lourd, le goût est plein, et la texture est étonnamment onctueuse étant donné la teneur en alcool. Le palais est marqué par les fruits, les noix et le caramel, et la finale est longue et grasse.

OLD PARR

Écosse
Propriétaire : Diageo

Thomas Parr, surnommé « Old Parr », vécut de 1483 à 1635 – et serait ainsi mort à l'âge de 152 ans. Si cela semble improbable, sa tombe peut malgré tout être visitée dans le Poets' Corner, à l'abbaye de Westminster.

En 1871, le nom Old Parr fut emprunté par deux grands assembleurs de l'époque, les frères Greenlees, pour leur whisky de luxe. Désormais gérée par le géant Diageo, la marque a beaucoup de succès au Japon, au Venezuela, au Mexique et en Colombie. Le Cragganmore est traditionnellement l'élément essentiel du blend.

GRAND OLD PARR 12 ANS ▶

BLEND 43 % VOL.

Malt prononcé, avec des notes de raisins secs et d'orange sur le nez, et des nuances de pomme et de fruits secs, voire un soupçon de tourbe. Énergique sur le palais, avec des arômes de malt, de raisins secs, de caramel brûlé et de cassonade.

OLD POTRERO

États-Unis
Anchor Distilling Company,
1705 Marisposa Street,
San Francisco, Californie
www.anchorbrewing.com

Fritz Maytag est l'un des pionniers américain des « micro-drinks ». Il dirige depuis 1965 la Anchor Steam Brewery. En 1994, il créa une petite distillerie sur Potrero Hill. L'objectif de Maytag est de « recréer le whiskey américain d'origine », en distillant l'alcool dans des pot stills traditionnels, et en n'utilisant que du malt de seigle.

◄ OLD POTRERO
SINGLE MALT RYE 62,55 % VOL.
Ce whiskey de type « XVIIIe siècle » a un nez floral marqué par les noix, avec vanille et épices. Gras et onctueux sur le palais, avec menthe, miel, chocolat et poivre sur la longue finale.

OLD POTRERO RYE
RYE WHISKEY 45 % VOL.
Vieilli trois ans dans des fûts de chêne neufs et carbonisés, ce whiskey de type XIXe siècle dégage noix, vanille crémeuse, chêne doux et poivre sur le nez. Gras, complexe et doux en bouche, avec du caramel, du chêne et des notes de seigle épicé sur la finale.

OLD PULTENEY

Écosse
Pulteney Distillery, Wick, Caithness
www.oldpulteney.com

Wick était un petit village avant que Sir William Johnstone Pulteney ne le transforme en un port de pêche important au début du XIXe siècle. En 1826, James Henderson bâtit la distillerie Pulteney en l'honneur de William Johnstone.

Les wash stills indépendants sont en forme de boules, ce qui augmente le reflux, et la partie supérieure est tronquée, écrêtée probablement pour suivre la forme du bâtiment.

OLD PULTENEY 12 ANS ▶
SINGLE MALT : HIGHLANDS
40 % VOL.
Malt frais, salé, maritime, avec une douceur boisée issue du vieillissement en fûts de bourbon.

OLD PULTENEY 17 ANS
SINGLE MALT : HIGHLANDS
46 % VOL.
Vieilli en partie en fûts de sherry pour ajouter des notes fruitées et de caramel dur à l'arôme, long en bouche, et au corps moyen à plein.

OLD SMUGGLER

Écosse

Propriétaire : Gruppo Campari

Réputé pour avoir été très apprécié durant la prohibition (*smuggler* signifiant « contrebandier »), l'Old Smuggler fut créé par James et George Stodart en 1835. L'entreprise, aujourd'hui oubliée, aurait été la première à associer whisky et cuves de sherry.
La marque appartient désormais à Gruppo Campari, qui l'a achetée en 2006, en même temps que le blend Braemar et que la distillerie Glen Grant, appartenant jusqu'alors à Pernod Ricard. L'Old Smuggler reste en position stable sur les marchés américain et argentin, où il est le deuxième whisky le plus vendu, et les ventes semblent se développer fortement en Europe de l'Est.

◄ **OLD SMUGGLER**
BLEND 40 % VOL.
Scotch convenable, sans nuance agressive, et avec quelques soupçons de fumée. À déguster en mélange.

OLD TAYLOR

États-Unis
Jim Beam Distillery,
149 Happy Hollow Road,
Clermont, Kentucky
www.jimbeam.com

L'Old Taylor fut créé par Edmund Haynes Taylor Jr, qui fut associé à divers moments aux trois distilleries de la région de Frankfort, Kentucky, dont celle qui est aujourd'hui Buffalo Trace (*voir* p. 66). Il est l'instigateur de la loi Bottled-in-Bond Act de 1897, qui permit de garantir la qualité du whiskey – toute bouteille portant un sceau gouvernemental officiel devait titrer à 50 % vol. et devait contenir un whiskey âgé de quatre ans au minimum.
Old Taylor fut racheté par Fortune Brands en 1987.

OLD TAYLOR ▶
BOURBON 40 % VOL.
Nez léger marqué par l'orange, avec un soupçon de pâte d'amande ; doux et mielleux sur le palais, avec une légère note de chêne.

P&M

France

Domaine Mavela, brasserie Pietra,
route de La Marana,
20600 Furiani, Corse
www.brasseriepietra.com

P&M est la coopération fructueuse de deux sociétés basées en Corse. Fondée en 1996, Pietra était à l'origine une brasserie. Elle produit le mash qui est distillé à Mavela. Le whisky est vieilli en fûts de chêne issu de la forêt locale. Mavela produit également le P&M Blend et le P&M Blend Supérieur. Le type de fûts et l'âge ne sont pas précisés.

◄ P&M PURE MALT

MALT 42 % VOL.

Ce whisky complexe et aromatique présente un arôme subtil de miel, d'abricot et d'agrumes, ainsi qu'une saveur riche.

PADDY

Irlande
Midleton Distillery,
Midleton, County Cork
www.irishdistillers.ie

Il y a bien longtemps, le whiskey irlandais était vendu aux pubs en fûts, sans nom ni marque. Le type de whiskey proposé dans un pub dépendait alors du propriétaire et de ses liens avec le représentant de la distillerie. Dans les années 1920 et 1930, Paddy Flaherty était un représentant de la Cork Distilleries Company. Ses venues en ville étaient très populaires. Il offrait des verres à toutes les personnes présentes au bar, et le whiskey qu'il vendait – le Old Irish Whiskey – devint le symbole du personnage lui-même, si bien qu'on donna rapidement au spiritueux le nom de Paddy's whiskey.

PADDY ▶
BLEND 40 % VOL.
Un whiskey malté, à la fois robuste et bien vieilli. Il produit un effet épicé et poivré, satisfaisant.

PASSPORT

Écosse
Propriétaire : Chivas Brothers

Le Passport, développé par Seagram, fut racheté par Pernod Ricard en 2002. Comme d'autres marques invisibles au Royaume-Uni, elle jouit d'un grand succès à l'étranger : les bastions de Passport sont les États-Unis, la Corée du Sud, l'Espagne et le Brésil, où son goût fruité encourage à le déguster avec des glaçons ou en cocktail. Avec sa bouteille verte rectangulaire au design rétro, Passport est « un whisky écossais unique, inspiré par la révolution britannique des années 1960, et dégageant une personnalité jeune et dynamique ». Ses composants sont des malts aussi célèbres et particuliers que le Glenlivet.

◄ **PASSPORT**
BLEND 40 % VOL.
Un goût fruité et une finale crémeuse. Il peut être servi seul ou, plus souvent, en mélange sur des glaçons. Au corps moyen, avec une finale douce et moelleuse.

PENDERYN

Pays de Galles
Penderyn, près d'Aberdare
www.welsh-whisky.co.uk

Unique distillerie de whisky du pays de Galles, Penderyn reçut en 2008 le titre de « *Microdistillery Whisky of the Year* » décerné par le magazine américain *Malt Advocate*. Cette petite entreprise ne produit qu'un seul fût par jour. Après des débuts assez lents, elle est désormais reconnue mondialement.

Le whisky de Penderyn est vieilli dans des fûts de bourbon usagés, provenant surtout de Buffalo Trace et d'Evan Williams. Le contenu est ensuite reversé dans des tonneaux de madère usagés qui lui donnent ce goût si doux.

PENDERYN AUR CYMRU ▶
SINGLE MALT 46 % VOL.
Frais et acidulé, ce malt est acerbe, fruité et doux-amer

PENDERYN PEATED
SINGLE MALT 46 % VOL.
Fumée douce, aromatique, suivie de vanille, de pomme verte et des notes d'agrumes rafraîchissantes.

PEREGRINE ROCK

États-Unis
Saint James Spirits,
5220 Fourth Street,
Irwindale, Californie
www.saintjamesspirits.com

La distillerie Saint James Spirits fut fondée en 1995 par Jim Busuttil qui avait appris la distillation en Allemagne et en Suisse. Il fabrique du whisky (l'orthographe écossaise est volontaire) depuis 1997 ; le Peregrine Rock est élaboré à partir d'orge écossaise maltée dans un alambic pot still en cuivre d'une contenance de 150 litres, puis il est vieilli en fûts de bourbon pendant trois ans au minimum.

◄ PEREGRINE ROCK CALIFORNIA PURE
SINGLE MALT 40 % VOL.
Nez floral, avec des fruits frais et un soupçon de fumée. Le palais est délicat et fruité, avec un éclat acidulé ; des notes plus douces, maltées et d'herbes fauchées se développent sur la finale légèrement fumée.

PIG'S NOSE

Écosse
Propriétaire : Spencerfield Spirits
www.spencerfieldspirit.com

Dans les foires agricoles du Royaume-Uni, il n'est pas rare de trouver ce whisky vendu à l'arrière d'un ancien box. Le Pig's Nose a fait l'objet d'un nouvel assemblage par Richard Paterson, le maître en la matière de chez Whyte & Mackay, et il fut remis en vente sous un nouveau design. Pig's Nose est le pendant du blend plus connu Sheep Dip (*voir* p. 315). C'est un blend à l'arôme plein, accessible, qui est conforme au slogan : « Notre scotch est aussi doux et lisse qu'un groin de porc. »

PIG'S NOSE ▶
BLEND 40 % VOL.
Nez délicat et raffiné, avec des notes florales douces et sensuelles, relevées par des arômes fruités complexes. Sur le palais se développe un éventail vigoureux de saveurs maltées évoquant les quatre régions de distillation écossaises.

PIKESVILLE

États-Unis
Heaven Hill Distillery,
1701 West Breckinridge Street,
Louisville, Kentucky
www.heaven-hill.com

Les whiskeys de seigle se divisent en deux catégories : les whiskeys épicés, acidulés, typiques de Pennsylvanie, et les whiskeys typiques du Maryland, au caractère plus doux. Pikesville est certainement le seul exemple de whiskey de seigle de type Maryland encore produit. Il doit son nom à la ville de Pikesville, Maryland, où il fut distillé pour la première fois dans les années 1890 et jusqu'en 1972.
Une décennie plus tard, il fut racheté par Heaven Hill.

◄ PIKESVILLE SUPREME
RYE WHISKEY 40 % VOL.
Le nez frais présente du chewing-gum, des fruits et de la cire à bois, tandis que le palais est davantage marqué par le chewing-gum, les épices, le chêne, et une note évidente de vanille. La finale comprend des notes de vanille et d'orange s'attardant.

PINWINNIE ROYALE

Écosse
Propriétaire : Inver House Distillers

Pinwinnie Royale se tient à l'écart des grandes marques, l'étiquette de la bouteille faisant allusion à un manuscrit religieux et à des relations royales, bien que rien ne vienne appuyer ces suppositions poétiques. On imagine que le blend, qui appartient à Inver House, comporte des single malts Old Pulteney, Speyburn, anCnoc et Balblair, les moins connus étant les plus présents. Il existe une version standard ainsi qu'un 12 ans d'âge qui mêle la douceur fruitée typique de la Speyside à un arrière-plan plus sec avec des notes boisées et une texture évoquant le beurre.

PINWINNIE ROYALE ▶
BLEND 40 % VOL.
Nez jeune et fruité, texture onctueuse mais épicée en bouche, avec des notes grillées et charbonneuses sur la finale.

POIT DHUBH

Écosse

Propriétaire: The Gaelic Whisky Co.
www.gaelicwhisky.com

Pràban na Linne (aussi connu sous le nom de Gaelic Whisky Co.) fut établie en 1976 par Sir Iain Noble pour créer de l'emploi au sud de l'île de Skye. L'entreprise s'est depuis développée. Poit Dhubh (prononcez « Potch Ghou ») est un blended malt non filtré à froid, commercialisé en versions 8, 12 et 21 ans. Une édition limitée 30 ans fut embouteillée pour célébrer les 30 ans de la société. Poit Dhubh joue énormément sur la nature prétendument illégale de son whisky, affirmant : « Nous ne sommes pas disposés à confirmer ni à démentir que Poit Dhubh vient d'un alambic clandestin. » Bien entendu, il s'agit d'une fantaisie.

◄ POIT DHUBH 8 ANS
BLENDED MALT 43 % VOL.
Les fruits secs et les épices donnent un caractère doux-amer, avec des notes sèches et boisées et une trace de tourbe.

PORT ELLEN

Écosse
Port Ellen, Islay

De tous les malts d'Islay, Port Ellen est celui qui bénéficie du plus grand culte, de par sa rareté croissante depuis la fermeture de la distillerie en 1983. Cette dernière fut fondée en 1825 par Alexander Kerr Mackay et resta propriété familiale jusque dans les années 1920, lorsqu'elle fut rachetée par DCL. Elle faisait malheureusement partie du même groupe que Lagavulin et Caol Ila et, lorsque survint la période de crise, Port Ellen était la plus faible. Elle est toujours en activité comme usine de maltage et fournit le malt à la plupart des distilleries d'Islay.

PORT ELLEN DOUGLAS LAING 26 ANS ▶
SINGLE MALT : ISLAY 50 % VOL.
Vieilli en fûts de bourbon usagés. Nez doux et fruité, avec un peu de cuir. Doux aussi sur le palais, mais dominé par de la fumée de tourbe. Une finale goudronneuse, longue, agrémentée d'un peu de sel.

POWERS

Irlande
Midleton Distillery,
Midleton, comté de Cork
www.irishdistillers.ie

Les distilleries Jameson et Powers se faisaient jadis face de chaque côté de la rivière Liffey, qui coule à Dublin. La famille Powers, basée au sud de Dublin, était dans les affaires depuis 1817. Elle fut représentée au conseil d'administration d'Irish Distillers par un de ses membres, jusqu'à ce que la société soit rachetée par Pernod Ricard, 171 ans plus tard.

◄ POWERS GOLD LABEL
BLEND 40 % VOL.
Ce whiskey est très spécial. Le nez est typiquement irlandais, à la fois tonique et fragile. Le cœur du whiskey est celui d'un pure pot still, coupé avec une proportion modérée de whiskey de grain. Powers Gold Label est fascinant.

POWERS GOLD LABEL 12 ANS
BLEND 40 % VOL.
Une version plus âgée et plus riche du Powers. Épices, miel, crème brûlée, avec de douces tonalités de bois et des fruits frais et sucrés.

PRIME BLUE

Écosse

Propriétaire : Morrison Bowmore

Prime Blue est un blended malt largement commercialisé à Taïwan, où le marché s'est développé ces dix dernières années. La couleur bleue évoque la noblesse et la royauté, et le nom de la marque fut, d'après la légende, choisi pour refléter le goût sophistiqué du whisky. Au plus fort, les ventes excédèrent 1 million de caisses par an, bien que le marché pour ce type de whisky ait récemment décliné en Extrême-Orient, la concurrence à Taïwan et dans les autres pays s'étant intensifiée. Il existe des versions standard, 12, 17 et 21 ans de ce whisky.

PRIME BLUE ►

BLENDED MALT 40 % VOL.

Les arômes de vanille et d'orge maltée sont rapidement suivis de cacao léger, puis de notes de bruyère et de fleurs. Initialement fruité sur le palais, puis vient une douceur maltée, et une longue finale.

PRINTER'S

République tchèque
Stock Plzen, Palirenska 2,
32600 Plzen
www.stock.cz

La distillerie Stock Plzen fut fondée dans les années 1920. Prestigieuse et de grande capacité, elle est le producteur d'alcool le plus connu en République tchèque. La société fabrique 40 spiritueux différents, dont le Printer's Whisky, qui est prétendument élaboré en utilisant les méthodes traditionnelles de fabrication du whisky écossais.
La distillerie propose également le Whisky Cream Stock, une liqueur à base de crème produite à partir du Printer's Whisky et embouteillée à 17 % vol.

◄ **PRINTER'S 6 ANS**
BLEND 40 % VOL.
Un whisky délicatement tourbé, vieilli dans de petits fûts de chêne pour accélérer le processus.

QUEEN ANNE

Écosse
Propriétaire : Chivas Brothers

Cette « marque orpheline » s'est frayé une voie dans le portefeuille d'une grande société et semble manquer de rôle et d'objectifs clairs. Autrefois, Queen Anne était le produit phare de blenders réputés d'Édimbourg, Hill, Thomson & Co. Il fut produit en 1884 et assemblé par William Shaw. Aujourd'hui, la marque appartient à Chivas Brothers et, comme de nombreuses marques autrefois célèbres, Queen Anne a été écartée et isolée par la consolidation du secteur économique, tentant fermement de s'accrocher dans les régions où elle fut jadis appréciée.

QUEEN ANNE ▶
BLEND 40 % VOL.
Dépourvu de caractère particulier, car les arômes sont si étroitement intégrés qu'il est difficile d'identifier des arômes et des goûts individuels. Un blend standard à utiliser en cocktail.

REBEL YELL

États-Unis
Luxco, Bernheim Distillery,
Saint-Louis, Missouri
www.luxco.com

Fabriqué à la distillerie Bernheim de Louisville, le Rebel Yell est issu d'un mashbill dont le seigle est remplacé par du blé. Ce whiskey fut élaboré dès 1849 d'après la recette du Rebel Yell et, grâce au succès remporté dans les États du Sud pendant de nombreuses années, la marque fut distribuée sur le marché international dans les années 1980. Parallèlement à la version standard, une version Rebel Reserve est commercialisée en édition limitée.

◄ **REBEL YELL**
BOURBON 40 % VOL.
Nez de miel, de raisins secs et de beurre, évoluant vers un bourbon au corps plein, qui présente également du miel et une qualité de beurre, ainsi que des prunes et du cuir souple. La finale est longue et plus épicée que ce que le palais laisse prévoir.

REDBREAST

Irlande
Midleton Distillery, Midleton,
County Cork
www.irishdistillers.ie

Redbreast est le nom que donnèrent les cavistes de Gilbey's au whiskey de Jameson qu'ils faisaient vieillir et embouteillaient. Le commerce des entrepositaires prit fin en 1968, mais le Redbreast était si apprécié qu'il eut l'autorisation de continuer à être distribué.

Dans les années 1990, Irish Distillers acheta la marque à Gilbey's et relança le spiritueux comme un pure pot still 12 ans d'âge, partiellement vieilli en fûts de sherry. Il en existe aussi une version 15 ans d'âge.

REDBREAST 12 ANS ►
PURE POT STILL 40 % VOL.
C'est l'un des meilleurs whiskeys au monde. L'éventail des arômes s'étend du gingembre à la cannelle, de la menthe poivrée aux graines de lin et de la réglisse au camphre. Une note de sherry se développe sur la finale délicate.

REISETBAUER

Autriche
Axberg 15, 4062 Kirchberg-Thening
www.reisetbauer.at

Hans Reisetbauer était au départ réputé pour être un expert en distillation de fruits. En 1995, il décida de se lancer dans la distillation du whisky single malt – il fit pousser son orge et prit en charge le maltage et la fermentation. Le wash est distillé deux fois dans des alambics pot stills en cuivre, puis l'alcool est vieilli dans des fûts ayant contenu du trockenbeerenauslese et du chardonnay.

◄ REISETBAUER 7 ANS
SINGLE MALT 43 % VOL.
Nez délicat aux multiples arômes, avec des notes légèrement grillées évoquant des noisettes et des herbes sèches. Agréables notes de pain et de céréales sur le palais. Légèrement fumé, avec des épices raffinées.

REISETBAUER 12 ANS
MALT 48 % VOL.
Semblable au 7 ans, avec des notes de fruits approfondies, issues des fûts de vin utilisés pour le vieillissement.

RIDGEMONT

États-Unis
Tom Moore Distillery, 1 Barton Road, Bardstown, Kentucky

L'ajout de la date 1792 au nom fait référence à l'année marquant la formation de l'État du Kentucky. Lorsque ce bourbon fut introduit sur le marché en 2004, il fut d'abord nommé Ridgewood Reserve, mais, suite à un litige entre les distillateurs de Barton Brands et les propriétaires de Woodford Reserve, Brown-Forman, le nom fut changé.

1792 RIDGEMONT RESERVE ▶
BOURBON 46,85 % VOL.
Un bourbon small batch 8 ans d'âge, raffiné et complexe, au nez souple avec des notes de vanille, de caramel, de cuir, de seigle, de maïs et d'épices. Initialement gras et doux sur le palais, le caramel et le seigle épicé se développent de pair avec une note discrète de chêne. La finale est assez longue, épicée, marquée par le chêne et avec un soupçon persistant de caramel.

RITTENHOUSE RYE

États-Unis
Heaven Hill Distillery,
1701 West Breckinridge Street,
Louisville, Kentucky
www.heaven-hill.com

Jadis associé à la fabrication du whiskey de seigle au cœur de la Pennsylvanie, Rittenhouse Rye est désormais produit dans le Kentucky. Son mashbill comporte 51 % de seigle, 37 % de maïs, et 12 % d'orge.

◄ RITTENHOUSE RYE 21 ANS
RYE WHISKEY 50 % VOL.
Le nez est épicé, avec des noix et des oranges. Des notes puissantes d'épices et de chêne se développent sur le palais, ainsi que des notes de lavande et de violette. La finale est longue, amère, typique du whiskey de seigle.

RITTENHOUSE RYE 100 PROOF
RYE WHISKEY 50 % VOL.
Des notes de marshmallow et de citron émergent sur le nez doux, le citron se poursuit en bouche, avec du poivre noir, de la réglisse et du caramel. La finale est marquée par du chocolat noir et du toffee à la mélasse.

ROBERT BURNS

Écosse
Propriétaire : Isle of Arran Distillers
www.arranwhisky.com

L'industrie du whisky écossais use souvent de l'imagerie nationale et de l'héritage culturel, mais aucune marque n'avait encore pris le nom du célèbre poète écossais.

Les distillateurs indépendants Isle of Islay ont collaboré avec la World Burns Federation pour combler cette lacune, et ils produisent désormais une gamme approuvée de blended malts et de blended whiskies nommée Burns Collection.

ROBERT BURNS BLEND ►
BLEND 40 % VOL.
Soupçons de chêne sur le nez évoluant vers du sherry, des amandes, du toffee et des fruits mûrs. Sur le palais, du toffee, du cake et des fruits secs, avec une finale épicée légère à moyenne.

ROBERT BURNS SINGLE MALT
SINGLE MALT 40 % VOL.
Pomme verte sur le nez avec une note de vanille. Pommes et agrumes sur le palais, équilibrés à nouveau par la vanille. Finale légère. Un whisky de type léger à déguster en apéritif.

ROGUE SPIRITS

États-Unis
Rogue Brewery, 1339 NW Flanders, Portland, Oregon
www.rogue.com

La bière Dead Guy Ale fut créée au début des années 1990 pour célébrer le Mayan Day of the Dead (jour de la Toussaint, 1er novembre) et, en 2008, les producteurs, basés dans l'Oregon, commercialisèrent leur Dead Guy Whiskey. Celui-ci est distillé à partir des quatre malts utilisés dans la fabrication de la Dead Guy Ale, le moût fermenté de la brasserie est transporté à la Rogue House of Spirits, où il est distillé deux fois dans un alambic pot still en cuivre de 570 litres. Une brève période de vieillissement s'ensuit, dans des fûts de chêne blanc américain carbonisés.

◄ DEAD GUY
BLENDED MALT 40 % VOL.
Nez jeune, avec des notes de maïs, de blé et de jus d'orange frais. Le palais est moyennement sec, fruité et vif. La finale est marquée par du poivre et de la cannelle.

ROSEBANK

Écosse
Camelon, Falkirk

Les distilleries qui fonctionnent sans interruption sont rares. Beaucoup ont fermé dans les années 1980 et 1990, suite à la surproduction ayant frappé l'industrie du whisky. La survie d'une distillerie face à ce type de crise dépend fortement de la situation géographique de l'entreprise. Rosebank, proche de Falkirk, fut fermée en 1993 et a été convertie en logements. Fondée en 1840, elle fut choisie pour faire partie de The Ascot malt Cellar, en 1982. Lorsque cette gamme devint celle des « Classic Malts », Glenkinchie fut malheureusement choisie, plutôt que Rosebank, pour représenter les Lowlands.

ROSEBANK DOUGLAS LAING 16 ANS ▶
SINGLE MALT : LOWLANDS 50 % VOL.
Embouteillage indépendant de Douglas Laing faisant partie de la collection Old Malt Cask. Frais et acidulé.

ROYAL BRACKLA

Écosse
Cawdor, Nairn, Nairnshire

Brackla fut fondée entre la rivière Findhorn et l'estuaire Murray Firth par le capitaine William Fraser en 1812. Ce dernier se plaignit rapidement de ne vendre que 450 litres de whisky par an, malgré la présence de nombreux amateurs dans les environs. Comme par compensation, il obtint en 1835 le premier brevet de fournisseur de la cour pour une distillerie. Mais le capitaine ne reconnaîtrait pas son whisky aujourd'hui : il fut totalement modernisé dans les années 1970 et 1990, et il appartient désormais à Bacardi, qui a commercialisé en 2004 une version 10 ans d'âge.

◄ ROYAL BRACKLA 10 ANS
SINGLE MALT : HIGHLANDS 40 % VOL.
Excepté une édition limitée de 25 ans d'âge, c'est le seul embouteillage officiel. Nez herbeux et floral avec quelques notes épicées et grasses sur la langue.

ROYAL CHALLENGE

Inde
Propriétaire : United Spirits
www.unitedspirits.in

Ce mélange de scotchs rares et de whiskies de malt indiens appartient à Shaw Wallace, filiale de United Spirits depuis 2005. Il est présenté comme un whisky indien première qualité « iconique » et, en 2008, il était le plus vendu dans sa catégorie. Il est aujourd'hui fortement concurrencé par le Blenders Pride (*voir* p. 56).

ROYAL CHALLENGE ►
BLEND 42,8 % VOL.
Un nez rond, souple, avec des traces de malt, de noix, de caramel, et une note de caoutchouc. Ces arômes se traduisent en saveurs parfaitement développées. Avec de l'eau, ce whisky reste dense et au corps plein, mais le goût, dilué, est moins lourd. Très doux, avec une légère saveur de noix, s'asséchant en bouche, mais avec une longue finale.

ROYAL LOCHNAGAR

Écosse
Ballater, Aberdeenshire
www.malts.com

Cette charmante distillerie isolée à Deeside est la seule entreprise de fabrication de whisky de la région. Elle fut fondée en 1845 par John Begg, qui ne perdit pas de temps pour présenter sa distillerie à ses voisins, au château de Balmoral, la reine Victoria et le prince Albert. À la fin de l'année 1848, Lochnagar était devenue Royal Lochnagar. La distillerie appartient désormais à Diageo.

◄ ROYAL LOCHNAGAR 12 ANS
SINGLE MALT : HIGHLANDS
40 % VOL.
Nez subtil évoquant le cuir avec un arôme devenant plus sec et acide, avant la finale épicée, rappelant le santal.

ROYAL LOCHNAGAR SELECTED RESERVE
SINGLE MALT : HIGHLANDS
43 % VOL.
Malt profond et complexe, au caractère résineux doux et boisé. Soupçons de tarte aux pommes et de sucre cuit.

ROYAL SALUTE

Écosse
Propriétaire : Chivas Brothers

Produit par Seagram en 1953 pour commémorer le couronnement de la reine Elizabeth II, le Royal Salute se revendique premier whisky de qualité supérieure.

Chivas Brothers est réputé pour son exceptionnel stock de whiskies vieux et rares, qui forment la base du blend Royal Salute. La société est désormais gérée par Pernod Ricard, dont les assembleurs, dirigés par Colin Scott, très respecté dans la profession, ont accès aux single malts de distilleries réputées telles que Glenlivet, Aberlour, Strathisla et Longmorn.

ROYAL SALUTE 21 ANS ▶
BLEND 40 % VOL.
Arômes doux, fruités, équilibrés par une fragrance florale délicate et une douceur moelleuse évoquant le miel.

ROYAL SALUTE, THE HUNDRED CASK SELECTION
BLEND 40 % VOL.
Raffiné, crémeux et exceptionnellement onctueux, avec une finale moelleuse, de chêne et légèrement fumée.

RUSSELL'S RESERVE

États-Unis

Boulevard Distillery, Lawrenceburg, Kentucky

Le maître distillateur Jimmy Russell et son fils Eddie, de Wild Turkey, développèrent ce whiskey de seigle small batch commercialisé en 2007.

Eddie Russell déclara : « Nous savions quel whiskey nous voulions produire sans l'avoir jamais goûté. Celui-ci est une réussite : caractère et saveurs profonds, et vieilli à la perfection jusqu'à six ans. »

◄ RUSSELL'S RESERVE RYE

RYE WHISKEY 45 % VOL.

Nez fruité, avec du chêne frais et des amandes. Corps plein et robuste, mais onctueux. Amandes, poivre et seigle dominent le palais. Finale longue, sèche et typiquement amère.

RUSSELL'S RESERVE 10 ANS

BOURBON 45 % VOL.

Nez de pin, vanille, cuir et caramel. Le palais présente davantage de vanille, du toffee, des amandes, du miel, de la noix de coco et un soupçon léger et inhabituel de piment qui persiste sur la finale longue et épicée.

SAM HOUSTON

États-Unis
McLain & Kyne Ltd (Castle Brands), Louisville, Kentucky
www.mclainandkyne.com

La société McLain & Kyne est réputée pour ce qu'elle nomme les « very small batch bourbons ». Pour produire ses whiskeys de marque Jefferson's (*voir* p. 201) et Sam Houston, seuls 8 à 12 fûts de whiskeys d'âges variés sont mélangés. Le Sam Houston fut commercialisé en 1999, il doit son nom à Samuel Houston, soldat et homme politique illustre, qui fut le premier président de la République du Texas.

SAM HOUSTON SMALL BATCH 10 ANS ►
BOURBON (TENEUR EN ALCOOL VARIABLE)
Le nez présente de délicats arômes de fruits des bois, de chêne et de pain de seigle, tandis que le palais riche et acidulé dégage de la résine, de la noix de muscade, du pain de seigle, du cuir et des épices douces. Finale longue, douce, et texturée.

SAZERAC RYE

États-Unis
Buffalo Trace Distillery,
1001 Wilkinson Boulevard,
Frankfort, Kentucky
www.buffalotrace.com

Sazerac Rye fait partie de la gamme Buffalo Trace Antique Collection renouvelée chaque année. Âgé de 18 ans, c'est le plus vieux whiskey de seigle disponible actuellement. Buffalo Trace explique que la version 2008 de ce 18 ans d'âge est composée de whiskeys dont les fûts étaient disposés au premier étage de l'entrepôt, c'est l'endroit où le spiritueux vieillit lentement et avec raffinement.

◄ SAZERAC RYE 18 ANS
RYE WHISKEY 45 % VOL.
Riche sur le nez avec du sirop d'érable et un soupçon de menthe, ce whiskey est gras, frais et fruité sur le palais, avec d'agréables notes de fruits, de poivre et de chêne. La finale dégage une note poivrée persistante, avec des relents de fruits et un ultime arôme de mélasse.

SCAPA

Écosse
St Ola, Orkney
www.scapamalt.com

Fondée en 1885 sur la plus grande île de l'archipel des Orcades, Scapa connut des interruptions jusqu'en 1994, année de sa fermeture. La production reprit trois ans plus tard, sur une base saisonnière, et en employant l'équipe de la distillerie voisine, Highland Park. Durant des années, il sembla qu'il n'y avait de place que pour une seule distillerie dans l'archipel, Highland Park bien entendu. Mais Scapa fut sauvée par Allied Domecq, qui investit plus de 2 millions de livres dans l'entreprise en 2004. La distillerie appartient désormais à Chivas Brothers.

SCAPA 14 ANS ▶
SINGLE MALT : ISLANDS
40 % VOL.

En comparaison du whisky franc et corsé d'Highland Park, Scapa est doux et plus accessible. Il présente un caractère de bruyère et de fruits secs, avec une saveur agréablement épicée.

SCOTTISH LEADER

Écosse

Propriétaire : Burn Stewart Distillers

Le propriétaire décrit son whisky comme un « blend récompensé par des prix internationaux, avec un profil gustatif riche et onctueux, évoquant le miel ». Le cœur du blend est formé par le single malt Deanston, produit par la distillerie du même nom dans le Perthshire. Initialement, ce blend était destiné aux supermarchés et aux petits budgets, mais l'emballage a récemment été modifié et semble viser un niveau de gamme supérieur. Les blends sont désormais disponibles en versions sans âge et 12 ans.

◄ **SCOTTISH LEADER**

BLEND 40 % VOL.

Un blend standard aux caractéristiques gustatives étroitement intégrées. Rien en particulier n'est à remarquer, sinon qu'il peut être dégusté aussi bien en cocktail qu'avec des glaçons.

SEAGRAM'S

Canada
Diageo Canada, West Mall,
Etobicoke, Ontario
www.diageo.com

Dans les années 1860, Joseph Emm Seagram dirigeait une meunerie en Ontario et s'intéressait à la distillation comme moyen d'utiliser le surplus de céréales. En 1883, alors que la distillation était l'activité principale de l'entreprise, Seagram en devint l'unique propriétaire. La marque VO (pour « Very Own ») fut jadis la marque canadienne la plus vendue au monde. Diageo contrôle désormais les marques canadiennes de Seagram, ainsi que le Seagram's 7 Crown (*voir* p. 314), vendu comme un whiskey américain.

SEAGRAM'S VO ►
BLEND 40 % VOL.
Le nez a une saveur de pear drops, de caramel, d'épices de seigle et de beurre. Le corps est léger, doux et légèrement épicé.

SEAGRAM'S 83
BLEND 40 % VOL.
Autrefois, ce whisky était plus apprécié que le VO. C'est désormais un standard canadien : onctueux et accessible.

SEAGRAM'S 7 CROWN

États-Unis

Angostura Distillery, Lawrenceburg, Indiana

Le Seagram's 7 Crown, un des blended whiskeys américains les plus célèbres, a survécu à l'éclatement Seagram. Il est produit désormais par Angostura, une société basée dans les Caraïbes réputée pour l'Angostura Bitters. Cette nouvelle venue dans l'arène de la distillation américaine a racheté l'ancienne distillerie Seagram de Lawrenceburg, où le 7 Crown était produit, ainsi que la distillerie Charles Medley d'Owensboro, Kentucky, fermée depuis longtemps. La distillerie de Lawrenceburg est la plus grande entreprise de fabrication de spiritueux américaine, en terme de capacité de production.

◄ **SEAGRAM'S 7 CROWN**
BLEND 40 % VOL.
Nez délicat avec un soupçon de seigle épicé, net et bien structuré sur le palais également épicé.

SHEEP DIP

Écosse
Propriétaire: Spencerfield Spirits
www.spencerfieldspirit.com

Le Sheep Dip est l'un des meilleurs blended malts. La marque, qui existe depuis les années 1970, était pourtant ignorée sous la direction de Whyte & Mackay. En 2005, elle fut rachetée par Alex et Jane Nicol, qui voulaient retrouver la célébrité passée des « marques orphelines ». Les propriétaires ont depuis créé une nouvelle présentation et se sont entourés d'un réseau international de représentants. Ils ont surtout reformulé la recette du whisky sous la direction du maître assembleur Richard Paterson. Et le résultat semble fonctionner. Les whiskies proposés ont entre 8 et 12 ans d'âge, et sont vieillis dans des fûts neufs.

SHEEP DIP ▶
BLENDED MALT 40 % VOL.
Nez délicat et raffiné. Grande finesse sur le palais, suivie d'une superbe manifestation d'arômes maltés purs.

SIGNATURE

Inde

Propriétaire : United Spirits
www.unitedspirits.in

Le Signature Rare Aged Whisky, commercialisé récemment, est produit par McDowell, qui appartient à United Spirits. Son slogan est « *Success is Good Fun* ». Il s'agit d'un mélange de whiskies de malt écossais et indiens ; c'est la marque au développement le plus rapide du portefeuille de la société, vendue à plus 600 000 caisses en 2006 et 2007. Ce whisky a également remporté plusieurs distinctions internationales, dont la médaille d'or lors de la Monde Selection 2006.

◄ **SIGNATURE**
BLEND 42,8 % VOL.
Un nez riche, avec une note médicinale distincte. Sans eau, le goût est très doux, avec des notes sous-jacentes fumées et médicinales, moins douces avec de l'eau. De corps relativement léger, avec une base tourbée et fumée distincte.

SLYRS

Allemagne
Bayrischzellerstrasse 13,
83727 Schliersee, Ortsteil Neuhaus
www.slyrs.de

Slyrs fut fondée en 1999. Elle produit un whisky correct distribué par Lantenhammer, une distillerie de schnaps située dans le même village. Le Slyrs est vieilli dans des fûts de chêne blanc américain neufs, pour une durée inconnue. En octobre 2008, une édition spéciale brut de fût, Raritas Diaboli, fut commercialisée.

SLYRS ▶
SINGLE MALT 43 % VOL.
Dégustation facile, avec quelques arômes floraux et des notes épicées. Le goût varie selon l'année de distillation.

SOMETHING SPECIAL

Écosse

Propriétaire : Chivas Brothers

Avec un tel nom, le whisky se doit d'être particulièrement de bonne qualité. C'est le cas de ce blend, qui est troisième sur le marché en Amérique du Sud, les ventes dépassant le demi-million de caisses. L'origine de ce blend remonte à 1912, il fut créé par les directeurs de Hill, Thomson & Co. d'Édimbourg. La base du blend est issue des malts de la Speyside, notamment le célèbre Longmorn, qui constitue le cœur du blend. Une version 15 ans a été lancée en 2006. La forme particulière de la bouteille aurait été inspirée par un lapidaire d'Édimbourg.

◄ **SOMETHING SPECIAL**
BLEND 40 % VOL.
Un blend particulier aux arômes secs, fruités et épicés, avec une douceur subtile et fumée sur le palais.

SPEYBURN

Écosse
Rothes, Aberlour, Morayshire
www.inverhouse.com

La reine Victoria le sait-elle ? Ses fidèles sujets employés à la distillerie Speyburn, près de Rothes, ont œuvré jour et nuit pour produire le whisky qui devait célébrer son jubilé de diamant en 1897. On était alors en plein mois de décembre, et la distillerie nouvellement bâtie n'avait pas encore de fenêtre. La neige tourbillonnait à l'intérieur des bâtiments, mais le directeur décida de mettre les alambics en marche. Speyburn a su garder son charme de l'époque victorienne et, depuis 1991, elle appartient à Inver House.

SPEYBURN 10 ANS ►
SINGLE MALT : SPEYSIDE
40 % VOL.
Malgré la commercialisation de versions plus âgées, dont un 25 ans Solera, la version de base de la gamme reste le 10 ans d'âge, à l'arôme de vanille et de fudge, et à la finale persistante.

SPEYSIDE

Écosse
Glen Tromie, Kingussie, Inverness-shire
www.speysidedistillery.co.uk

Avec une production de seulement 600 000 litres, la distillerie qui tient son nom de la plus grande région écossaise de whisky de malt n'a rien d'une géante, ni d'une vieille entreprise. Malgré son apparence rustique – seule une cheminée moderne trahit son jeune âge –, Speyside fut fondée en 1962 sur commande, par l'assembleur et embouteilleur George Christie. Construite pierre par pierre, elle ne fut achevée qu'en 1987. Parmi les single malts qu'elle produit, on remarque le Drumguish (sans âge) et des versions Speyside de 8, 10 et 12 ans.

◄ SPEYSIDE 12 ANS
SINGLE MALT : SPEYSIDE
40 % VOL.
L'arôme de ce 12 ans d'âge équilibré évoque le nougat, avec une note discrète de fumée. Légèrement plus riche et au corps plus plein que ne le laisse supposer le nez modéré.

SPRINGBANK

Écosse
Campbeltown, Argyll
www.springbankdistillers.com

Springbank fut fondée en 1823, à une époque où Campbeltown abritait 13 distilleries. Cette pointe de la péninsule de Kintyre, accessible en voiture, est reliée à Glasgow par une voie maritime traversant le Firth of Clyde. Ainsi, lorsque la deuxième ville de l'Empire britannique connut son célèbre boom, les distilleries comme Springbank furent en mesure de satisfaire la demande en whisky. À l'ouest, le marché visé était ☛

SPRINGBANK 15 ANS ►
SINGLE MALT : CAMPBELTOWN
46 % VOL.
Nez de toffee et d'écorce confite, évoluant vers des arômes doux-amers plus exotiques en bouche.

SPRINGBANK 10 ANS
SINGLE MALT : CAMPBELTOWN
46 % VOL.
Un cocktail complexe d'arômes, des agrumes mûrs à la fumée de tourbe, avec de la vanille, des épices et une note salée légère et sous-jacente.

SPRINGBANK

américain, mais il fut fermé lors de la prohibition. Les assembleurs se tournèrent vers la Speyside, et le glas de Campbeltown ne tarda pas à sonner.

Pourtant, Springbank survécut à cette crise et sa gestion bénéficia d'une continuité : elle appartenait à la famille Reid, qui la revendit à sa belle-famille, les Mitchell, au milieu du XIXe siècle. Les Mitchell sont toujours propriétaires et ont réussi à créer un véritable culte autour de leur gamme de single malts.

◄ SPRINGBANK VINTAGE 1997
SINGLE MALT : CAMPBELTOWN
54,9 % VOL.
Un nez complexe de toffee, mêlé à des arômes de fumée et de cuir. Plus sec sur le palais, avec un arôme épais et rond enveloppé de fumée.

SPRINGBANK 100 PROOF
SINGLE MALT : CAMPBELTOWN
57 % VOL.
Un grand malt au corps plein, avec des arômes de fruits secs et de caramel, avec des traces d'épices, de noix et de fumée.

ST. GEORGE

États-Unis
St. George Spirits, 2601 Monarch Street, Almeda, Californie
www.stgeorgespirits.com

La distillerie St. George Spirits fut fondée par Jörg Rupf en 1982. Elle possède deux alambics de Holstein en cuivre. Un fort taux d'orge grillée est utilisé pour la fabrication de ses whiskeys, une partie de cette orge est fumée au bois d'aulne et de hêtre. La plupart du single malt est mis en fûts de bourbon usagés et vieilli pendant 3 à 5 ans, une partie est vieillie en fûts de chêne français, et l'autre en fûts de porto usagés.

ST. GEORGE ►
SINGLE MALT 43 % VOL.
Le nez présente des notes fraîches et florales, avec des fruits, des noix, du café et de la vanille. Assez délicat sur le palais, doux, marqué par les noix et les fruits, avec un soupçon de menthol et de cacao. Les notes de vanille et de chocolat se dégagent sur la finale, ainsi qu'une douce fumée.

STEWARTS CREAM OF THE BARLEY

Écosse

Propriétaire : Chivas Brothers

Produite pour la première fois en 1831, cette marque se vend très bien en Irlande. Elle eut aussi longtemps du succès en Écosse, surtout grâce à sa large distribution dans la chaîne de débits de boissons appartenant à Allied, à l'époque propriétaire de la marque. Le cœur du blend était à l'origine donné par le single malt de Glencadam, mais ce dernier n'appartient plus à Allied. Cependant, on estime que le blend contient toujours 50 single malts différents, en proportion équilibrée.

◄ STEWARTS CREAM OF THE BARLEY

BLEND 40 % VOL.

Un nez malté, doux et légèrement alcoolisé. Aspect fruité d'un jeune whisky sur le palais, épicé, brut et légèrement fumé. S'asséchant sur une finale poivrée et de bois carbonisé.

STRANAHAN'S

États-Unis
Stranahan's Colorado Whiskey,
2405 Blake Street, Denver, Colorado
www.stranahans.com

Jess Graber et George Stranahan fondèrent cette distillerie en mars 2004, à Denver, Colorado. Le whiskey est élaboré à partir d'un moût fermenté de quatre orges produit par la brasserie voisine Flying Dog. La distillation est réalisée dans un alambic Vendome et l'alcool est versé en fûts de chêne américain neufs et carbonisés. Il est vieilli deux ans au minimum. Lors de l'embouteillage, chaque batch comprend du whiskey issu de deux à six fûts.

STRANAHAN'S COLORADO WHISKEY ▶
COLORADO WHISKEY 47 % VOL.
Le nez évoque celui d'un bourbon, avec des notes de caramel, de réglisse, d'épices et de chêne. Le palais est légèrement gras, grand et doux, avec du miel et des épices. La finale assez courte est marquée par le chêne.

STRATHISLA

Écosse
Keith, Banffshire
www.maltwhiskydistilleries.com

En 1786, Alexander Milne et George Taylor fondèrent la distillerie Milltown, à Keith. Le whisky qu'elle produisait était nommé Strathisla et, en 1951, ce nom devint aussi celui de la distillerie. Au cours de son existence, l'entreprise a survécu au feu, aux explosions et à la faillite. Elle est désormais la plus ancienne et probablement la plus belle des distilleries des Highlands, avec son toit au pignon haut et ses deux pagodes. Rachetée par Chivas Brothers en 1950, la distillerie produit un whisky qui constitue depuis le cœur du Chivas Regal.

◄ STRATHISLA 12 ANS
SINGLE MALT : SPEYSIDE
43 % VOL.
Un nez riche et fastueux, un caractère épicé évoquant le cake aux fruits, grâce à l'influence du sherry. Au corps moyen, avec une note légèrement fumée sur la finale.

STRATHMILL

Écosse
Keith, Banffshire
www.malts.com

Avec son toit aux pagodes jumelées, cette jolie distillerie de la fin de l'époque victorienne fut construite en 1891 sous le nom de Glenisla-Glenlivet. Quatre ans plus tard, elle fut rachetée par Gilbey's, le distilleur de gin basé à Londres, et fut renommée Strathmill, en référence à sa localisation sur un ancien moulin à grain. Une version single malt fut commercialisée dès 1909, le rôle essentiel de la distillerie était, et est toujours, de fournir du whisky de malt pour les blends écossais, notamment le J&B.

STRATHMILL
FLORA & FAUNA 12 ANS ▶
SINGLE MALT : SPEYSIDE
43 % VOL.
Le style Speyside le plus léger et le plus délicat. Caractère malté et de noix, avec des notes de vanille issues du bois. Assez souple et moyennement doux sur la langue.

SULLIVANS COVE

Australie
Tasmania Distillery, Lamb Place, Cambridge, Tasmanie
www.tasmaniadistillery.com.au

Patrick Maguire, maître distillateur et copropriétaire de la distillerie Tasmania, reconnaît que certaines fournées d'alcool n'étaient pas assez bonnes, mais cela n'empêcha pas le whisky de remporter des distinctions. Il est élaboré à partir d'orge Franklin cultivée localement et non tourbée. L'alcool est brassé à la brasserie Cascade, il est distillé dans un alambic de type charentais, et embouteillé comme single cask à la main.

◀ SULLIVANS COVE PORT MATURATION

SINGLE MALT 60 % VOL.
Un 7 ans d'âge, vieilli en fûts de chêne français ayant contenu du porto. Nez floral, se développant en un stout très malté. Goût tannique et réchauffant.

SULLIVANS COVE BOURBON MATURATION

SINGLE MALT 60 % VOL.
Un 7 ans d'âge vieilli en fûts de chêne américain ayant contenu du bourbon. Doux et malté, avec des notes de chêne et de chocolat.

SUNTORY HAKUSHU

Japon
Torihara 2913-1, Hakushucho,
Komagun, Yamanashi
www.suntory.co.jp

Nichée dans une forêt des Alpes japonaises, Hakushu fut jadis la plus grande distillerie de malt au monde, produisant une vaste gamme de marques destinées aux assembleurs de Suntory. Aucune autre distillerie ne présente autant de formes et de tailles d'alambics. Les single malts d'Hakushu reflètent le lieu : ils sont légers, doux et frais.

SUNTORY HAKUSHU 12 ANS ►
SINGLE MALT 43,5 % VOL.
Nez très frais, avec de l'herbe coupée, de la menthe et de l'huile de lin. Le palais est doux, mais assez lent. Caractère de menthe et d'herbe approfondi par de l'abricot et une note de camomille.

SUNTORY HAKUSHU 18 ANS
SINGLE MALT 43 % VOL.
Note évoquant la forêt tropicale humide. On relève également de la prune, de la mangue, du foin et du gingembre frais. Belle acidité et finale toastée aux notes de chêne grillé.

La route du whisky : Japon

Tokyo est un bon point de départ. Cette ville possède de nombreux bars à whisky et de bonnes liaisons ferroviaires en direction des distilleries de Chichibu, Karuizawa et Gotemba. Un peu à l'écart de Tokyo, la grande distillerie de Suntory, Yamazaki, est aussi accessible par le train ; cela peut être l'occasion de visiter Kyoto ou Osaka.

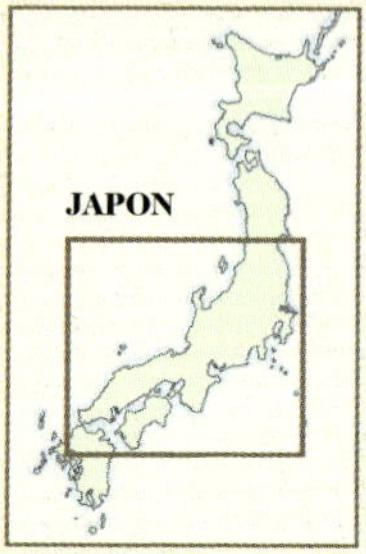

JOUR 1 : CHICHIBU

❶ **Chichibu**, la distillerie la plus récente du Japon fondée par Ichiro Akuto, ne propose pas de visite guidée, mais les grands amateurs peuvent organiser un rendez-vous en contactant préalablement la distillerie. La ville de Chichibu est à 90 minutes en train de la gare Ikebukuro de Tokyo. Le voyage de la gare d'arrivée à la distillerie, située à l'écart de la ville, peut s'effectuer en taxi.

JOURS 2-3 : KARUIZAWA

❷ La distillerie **Karuizawa**, de Kirin, est une petite entreprise. Elle est ouverte au public et dispose également d'une galerie d'art. Karuizawa est une station thermale située à 65-80 minutes de la gare de Tokyo par le Nagano Shinkansen, et si vous choisissez le train régional, passant par Chichibu, comptez 3 à 5 heures. Près de la distillerie sont installés différents complexes hôteliers et thermaux.

SÉJOUR TOURISTIQUE

JOURS : 8
DISTANCE : 480 km
TRANSPORT : TGV, trains nationaux
DISTILLERIES : 5

Shinjiro Torii est le fondateur de Suntory et dirige les distilleries Yamazaki et Hakushu, situées sur cet itinéraire.

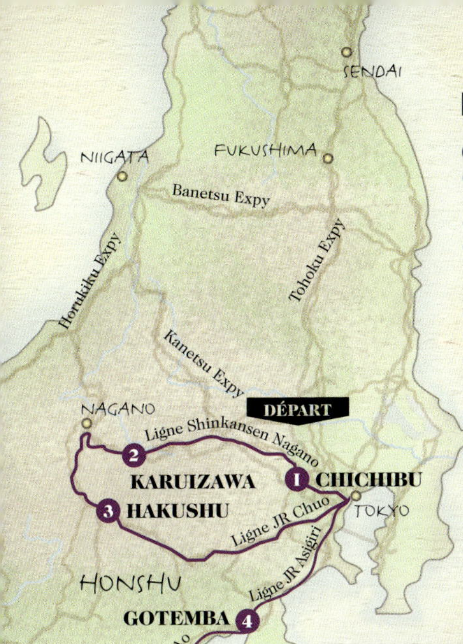

JOUR 4 : HAKUSHU, SUNTORY

DISTILLERIE HAKUSHU

❸ **Hakushu** est nichée dans une réserve naturelle. La gare la plus proche est à Kobuchizawa, et elle est accessible par les trains régionaux partant de Karuizawa, ou par le train express (ligne JR Chuo) partant de la gare Shinjuku de Tokyo.

JOURS 5-6 : GOTEMBA, KIRIN

❹ La ville de **Gotemba** est le point de départ de l'une des principales routes menant au mont Fuji. C'est aussi le lieu où est située la distillerie Gotemba, appartenant à Kirin. Les visiteurs commencent l'ascension du mont Fuji dans l'après-midi pour atteindre la 8e ou 9e étape à la tombée de la nuit. Le sommet est gagné à l'aube. Après la descente du mont, on peut prendre un bus pour Gotemba afin de visiter la distillerie. Ce n'est pas la plus pittoresque des distilleries, mais elle propose un bon accueil touristiques et offre une vue imprenable sur le mont Fuji.

MONT FUJI

DISTILLERIE YAMAZAKI

JOURS 7-8 : YAMAZAKI, SUNTORY

❺ Pour visiter la distillerie **Yamazaki**, la grande entreprise originale de Suntory, l'idéal est de prendre le Shinkansen depuis Kyoto ou Osaka. L'infrastructure touristique est bien développée, elle comprend un bar de dégustation avec des produits en exclusivité. La distillerie propose aux clients aisés d'acheter un fût, cette option est nommée « Owner's Cask ». Vous pouvez également visiter un sanctuaire shinto traditionnel.

SUNTORY HIBIKI

Japon

Torihara 2913-1, Hakushucho,
Komagun, Yamanashi
www.suntory.co.jp

La fortune de Suntory repose sur des blended whiskies élaborés avec les malts de ses deux distilleries : Yamazaki et Hakushu. Bien que la société s'oriente vers la production de single malts, les blends de Suntory Hibiki sont toujours très estimés.

◄ SUNTORY HIBIKI 17 ANS
BLENDED MALT 43 % VOL.
Le Hibiki d'origine a un nez souple et généreux, avec des fruits très mûrs, un peu de tourbe, un soupçon de fleurs capiteuses et des agrumes. Sur le palais, on relève toffee, cerises noires, vanille, cynorhodon et chêne.

SUNTORY HIBIKI 30 ANS
BLENDED MALT 43 % VOL.
Ce whisky qui a remporté de nombreux prix offre un arôme très développé, avec une compote de différents fruits : orange de Séville, pâte de coing, bois franc et noix, suivie d'une note de fenouil et d'anis, et des épices profondes. Le palais est doux et velouté, avec de la marmelade à l'orange au premier plan, accompagnée d'épices douces et poudreuses.

SUNTORY YAMAZAKI

Japon
Yamazaki 5-2-2, Honcho,
Mishimagun, Osaka
www.suntory.co.jp

Établie en 1923, Yamazaki fut la première distillerie de malt du Japon et a vu grandir les pères de l'industrie japonaise du whisky, Shinjiro Torii et Masataka Taketsuru. Comme Hakushu, elle produit une grande variété de whiskies de malt. ☛

THE YAMAZAKI 12 ANS ▶
SINGLE MALT 43 % VOL.
Frais, avec un nez vivifiant d'ananas, d'agrumes, de fleurs et d'herbes séchées, avec un peu de chêne. Le palais est doux, riche en fruits, avec un soupçon de fumée.

THE YAMAZAKI 18 ANS
SINGLE MALT 43 % VOL.
Avec l'âge, le whisky Yamazaki reçoit davantage l'influence du chêne. Notes de pomme mûre, de violette et un arôme tourbé doux et profond. L'impression se poursuit sur le palais, avec un caractère de mousse végétale, évoquant le pin, et la richesse typique de Yamazaki en milieu de bouche. Un whisky extrêmement raffiné.

SUNTORY YAMAZAKI

Les embouteillages officiels de single malts sont doux et fruités. Des embouteillages single cask sont aussi disponibles. La plupart des whiskies plus âgés sont vieillis en fûts de sherry, et des versions vieillies en fûts de chêne japonais sont produites occasionnellement.

◀ SUNTORY VINTAGE 1984

SINGLE MALT 56 % VOL.

Un whisky récompensé par un prix, très fort en sherry. Sombre, avec un nez balsamique, de l'écorce de bois, de l'if, du pudding de Noël, et du café. Le palais présente des notes de cerise noire, toffee à la mélasse et pruneau. Mélange doux-amer, avec de forts tanins.

THE CASK OF YAMAZAKI 1990 SHERRY BUTT

SINGLE MALT 61 % VOL.

Inclus dans une gamme régulière de whiskies single cask. Il a une couleur acajou presque opaque ; le nez est marqué par les dattes, les pruneaux et des notes de sherry parfumées à la figue. La complexité est donnée par un arôme tourbé. Le palais est saisissant, automnal, avec de la fumée de bois légère, des noix, de l'expresso sucré et une finale longue et ferme, avec une touche de mélasse.

TALISKER

Écosse
Carbost, Skye
www.taliskerwhisky.com

Talisker, fondée en 1830 par Hugh et Kenneth MacAskill, est la seule distillerie à avoir survécu sur Skye, ce qui paraît étrange étant donné la superficie de l'île et sa situation.

Le XIXe siècle fut rude pour la distillerie, qui finit par s'associer à Dailuaine, alors la plus grande distillerie des Highlands, en 1898. En 1916, le partenariat fut repris par un consortium composé de Dewar's, The Distillers Company, et John Walker & Sons. Depuis, Talisker est un composant ☛

TALISKER 10 ANS ▶
SINGLE MALT : ISLANDS
45,8 % VOL.
Un malt typique de la côte ouest, au caractère corsé, légèrement tourbé, avec une finale débutant sur une note poivrée.

TALISKER 18 ANS
SINGLE MALT : ISLANDS
45,8 % VOL.
L'âge a adouci la vigueur de jeunesse du 10 ans, et lui a donné un parfum de cuir et de fumée, ainsi qu'une texture ronde et crémeuse.

TALISKER

majeur du Johnnie Walker Red Label.

Jusqu'en 1928, le Talisker était produit par triple distillation, ce qui explique que les deux wash stills de la distillerie sont couplés à trois spirit stills. La forme unique en U des cols de cygne permet d'augmenter le reflux et de produire un alcool plus pur, bien que la condensation en condenseurs à serpentin semble contradictoire, car ce modèle a tendance à produire un alcool plus lourd et sulfuré. Ce whisky a gagné de nombreux prix et le cœur des amateurs.

◀ TALISKER DISTILLERS EDITION 1996

SINGLE MALT : ISLANDS
45,8 % VOL.

La dernière période de maturation se fait en fûts de sherry amoroso, ce qui offre à cette édition un caractère poivré et épicé.

TALISKER 57° NORTH

SINGLE MALT : ISLANDS
57 % VOL.

Nommé en référence à la latitude à laquelle se situe la distillerie, ce whisky est riche, fruité, fumé, poivré et épicé, avec une longue finale.

TAMDHU

Écosse
Knockando, Aberlour,
Morayshire
www.edringtongroup.com

Si elle est discrète et ne propose qu'un seul embouteillage officiel, la distillerie Tamdhu n'en est pas moins un grand site de production, avec neuf washbacks en pin, trois paires d'alambics, des entrepôts à palettes et à rayonnages, et des aires de maltage. Un des rôles de cette distillerie au sein d'Edrington est de fournir du malt pour les autres entreprises du groupe, elle produit également la totalité du malt dont elle a besoin.

Tamdhu présente également des embouteillages indépendants, réalisés par Duncan Taylor, Gordon & MacPhail, et Douglas Laing, dont un 29 ans d'âge édité dans la gamme Douglas Laing Old Malt Cask.

TAMDHU ▶
SINGLE MALT : SPEYSIDE
40 % VOL.
Mis en bouteille par le distillateur pour remplacer le 8 ans. Jeune introduction aux whiskies de la Speyside, sans âge, avec une attaque légèrement poivrée.

TAMNAVULIN

Écosse

Ballindalloch, Banffshire

En 1966, Invergordon Distillers, aujourd'hui filiale de Whyte & Mackay, décida de bâtir une distillerie dans l'Upper Speyside, sur les bords de la rivière Livet. Les six alambics produisaient 4 millions de litres d'alcool pur par an. Pourtant en 1995, Tamnavulin ferma ses portes, les propriétaires ayant choisi de concentrer leur attention sur d'autres distilleries leur appartenant, notamment Dalmore et Jura. UB Group racheta Whyte & Mackay en 2007. Depuis, Tamnavulin a remis en marche ses alambics.

◄ TAMNAVULIN 12 ANS
SINGLE MALT : SPEYSIDE
40 % VOL.

Un malt léger, idéal en apéritif, avec un caractère sec et céréalier et un nez de menthe. Cette version standard du Stillman's Dram est accompagnée d'autres versions plus âgées et plus rares.

TANGLE RIDGE

Canada
Alberta Distillery, 1521 34th Avenue Southeast, Calgary, Alberta

Ce whisky produit par la distillerie Alberta (*voir* p. 12) est plus doux que les autres whiskies de la gamme. Pourtant, comme tous les produits Alberta, il est composé de seigle exclusivement. Commercialisé en 1996, il fait partie de la gamme moderne des whiskies canadiens de première qualité : vieilli 10 ans en fûts de chêne, il est ensuite déversé pour être additionné de vanille et de sherry. Il est enfin remis en fûts durant la période nécessaire. Son nom vient d'un mur rocheux calcaire découvert dans les Rocheuses par l'exploratrice, artiste et écrivain Mary Schaffer (1861-1939).

TANGLE RIDGE DOUBLE CASK ▶
CANADIAN RYE 40 % VOL.
Nez marqué par le caramel, une sensation en bouche veloutée et un goût doux, avec un soupçon de sherry. Manque de complexité.

TÉ BHEAG

Écosse

Propriétaire : The Gaelic Whisky Co.
www.gaelicwhisky.com

Bien que ce whisky soit assemblé et embouteillé sur un autre site, il fait partie de la société Pràban na Linne, sur l'île de Skye (The Gaelic Whisky Company). Té Bheag (prononcez « Tchey Vek ») signifie « petite dame », nom que porte le bateau présenté sur l'étiquette. C'est aussi une expression gaélique pour dire « petite gorgée ». Le blend est apprécié en France et a remporté diverses médailles lors de concours internationaux. Le Té Bheag, non filtré à froid, est composé de malts âgés de 8 à 11 ans provenant d'Islay, des Highlands et de la Speyside.

◄ TÉ BHEAG

BLEND 40 % VOL.

Nez frais, avec des notes d'agrumes, une bonne richesse, un arôme tourbé délicat, et une touche de céréales. Lourd sur le palais, avec une présence de réglisse, une richesse évoquant le toffee, et de la tourbe.

TEACHER'S

Écosse
Propriétaire : Beam Global

Cette marque date de 1830, lorsque William Teacher ouvrit une épicerie à Glasgow. Comme d'autres entrepreneurs dans le domaine du whisky, il étendit rapidement son activité au commerce de spiritueux. Son fils reprit l'affaire et, à cette époque, l'assemblage de whiskies prenait de l'importance. En 1884, la marque Teacher's Highland Cream était officiellement déposée et ne tarda pas à dominer le marché. Ce whisky au caractère puissant était composé de single malts produits par Glendronach et Ardmore. Aujourd'hui, il est toujours très apprécié en Amérique du Sud.

TEACHER'S HIGHLAND CREAM ►
BLEND 40 % VOL.
Riche en arôme, gras, avec du fudge et du caramel sur le nez, du toffee et de la réglisse sur le palais. Une texture onctueuse, bien ronde, et une finale assez courte qui laisse le palais rafraîchi.

TEANINICH

Écosse
Alness, Ross-shire
www.malts.com

Les touristes de passage dans les Highlands remarquent rarement la distillerie Teaninich, car ils se dirigent généralement vers sa voisine plus célèbre, Dalmore. Pourtant, Teaninich, bâtie par le capitaine Hugh Munro, produit du whisky depuis 1817. La distillerie fournissait essentiellement du whisky pour les blends. En 1992, le propriétaire de Teaninich, UDV, commercialisa un 10 ans d'âge.

◄ TEANINICH FLORA & FAUNA 10 ANS
SINGLE MALT : HIGHLANDS 43 % VOL.
Le seul embouteillage officiel est herbeux et raffiné, avec une forte saveur maltée.

TEANINICH GORDON & MACPHAIL 1991
SINGLE MALT : HIGHLANDS 46 % VOL.
Un malt de couleur ambrée profonde, au parfum de cake aux fruits, avec des notes de menthe, de tabac, de clou de girofle et de fumée de bois.

TEERENPELI

Finlande
Teerenpeli, Hämeenkatu 19, Lahti
www.teerenpeli.com

La première brasserie Teerenpeli fut fondée en mai 1995 dans le restaurant du même nom, et la bière qu'elle produit a remporté plusieurs distinctions. En 2002, la nouvelle brasserie-distillerie fut ouverte au restaurant Taivaanranta. La pièce de brassage est placée dans la salle du restaurant, tandis que la distillation se fait au sous-sol, où se trouve aussi un centre touristique. Des fûts de whisky Teerenpeli jeune sont vendus aux particuliers ainsi qu'aux entreprises.

TEERENPELI 3 ANS NO. 001 ►
MALT 43 % VOL.

Beaucoup de céréales (orge), de vanille, et de chêne ; le corps est assez épais.

TEERENPELI 6 ANS
MALT 43 % VOL.

En finlandais, *teerenpeli* signifie « flirt ». Fidèle à son appellation, ce single malt se révèle souple et séduisant, avec des flaveurs de biscuit vanillé et de pomme cuite, un mélange étonnant de notes herbacées et épicées, rafraîchissant.

TEMPLETON RYE

États-Unis

East 3rd Street, Templeton, Iowa
www.templetonrye.com

Le Templeton Rye de Scott Bush fut commercialisé en 2006. Il est distillé dans un alambic pot still en cuivre d'une contenance de 1 150 litres, avant d'être vieilli dans des fûts de chêne neufs et carbonisés. Bush explique que son whiskey de seigle est réalisé d'après une recette datant de l'époque de la prohibition.
Au cours de la Grande Dépression, un groupe de fermiers de la région de Templeton commença à distiller illégalement un whiskey de seigle pour compléter leurs maigres revenus agricoles. Rapidement, le « Templeton Rye » fut largement réputé comme un spiritueux de qualité.

◄ TEMPLETON RYE SMALL BATCH
RYE WHISKEY 40 % VOL.
Éclatant, vif et assez doux sur le palais. La finale est onctueuse, longue et réchauffante.

THOMAS H. HANDY

États-Unis

Buffalo Trace Distillery,
1001 Wilkinson Boulevard,
Frankfort, Kentucky
www.buffalotrace.com

Ce whiskey est le petit dernier de la gamme Buffalo Trace Antique Collection. C'est un straight rye whiskey, non filtré à froid et sans adjonction d'eau, nommé d'après le barman de la Nouvelle-Orléans qui fut le premier à utiliser le whiskey de seigle dans le cocktail Sazerac. D'après les distillateurs, les fûts sont vieillis six ans et cinq mois sur le cinquième étage de l'entrepôt M – « [le whiskey] est très parfumé, et évoque un gâteau de Noël. »

THOMAS H. HANDY SAZERAC 2008 EDITION ▶

RYE WHISKEY 63,8 % VOL.

Notes de poivre et de fruits d'été sur le nez. Le palais est un agréable mélange de vanille douce et de seigle poivré, tandis que la finale est longue et réconfortante, grasse, avec du chêne épicé.

TOBERMORY

Écosse
Tobermory, Isle of Mull
www.tobermory.co.uk

La survie de Tobermory tient du miracle, car elle a connu de longues périodes d'inactivité. Elle fut fondée en 1797 par John Sinclair, un homme d'affaire de la région, mais ferma à la mort de ce dernier en 1837. Elle rouvrit dans les années 1880, puis ferma de nouveau entre 1930 et 1972. La production resta aléatoire jusqu'au rachat de la distillerie en 1993 par son propriétaire actuel, Burn Stewart.

◄ TOBERMORY 10 ANS
SINGLE MALT : ISLANDS
40 % VOL.

Ce malt frais, non tourbé et maritime revendique un caractère légèrement fumé, donné par l'eau puisée dans les lochs tourbés de Mull. L'effet est pourtant subtil.

TOBERMORY 15 ANS
SINGLE MALT : ISLANDS
46,3 % VOL.

Le nez présente des notes riches de cake aux fruits et une trace de marmelade, grâce au vieillissement en fûts de sherry. Le caractère épicé se dévoile sur la langue. Non filtré à froid et brut de fût.

TOMATIN

Écosse
Tomatin, Inverness-shire
www.tomatin.com

Avec 23 alambics et une capacité de production annuelle de 12 millions de litres d'alcool pur, Tomatin était le colosse de l'industrie du whisky de malt. En 1974, après une extension du site, elle dépassa même Glenfiddich, dont la capacité de production s'élève aujourd'hui encore à 10 millions de litres.

Tomatin fut fondée en 1897, mais le nombre d'alambics ne passa à quatre qu'en 1956. La distillerie connut alors son essor, dont l'apogée fut dans les années 1970, au moment du grand ☛

TOMATIN 12 ANS ▶
SINGLE MALT : HIGHLANDS
40 % VOL.
Un malt de type Speyside, moelleux et souple, qui remplace la version 10 ans de 2003.

TOMATIN 18 ANS
SINGLE MALT : HIGHLANDS
43 % VOL.
La couleur profonde ambrée révèle l'influence du sherry qui confère un arôme fruité et de cannelle à ce malt.

TOMATIN

☚ effondrement d'après-guerre. Tomatin était encore indépendante et lutta jusqu'en 1985, date de sa liquidation juridique. Vendue en 1986 à deux anciens clients, Takara Shuzo et Okara & Co., elle devint la première distillerie écossaise sous direction japonaise.

Seuls 12 alambics sont encore en fonctionnement et la production avoisine maintenant 5 millions de litres par an, ce qui permet toutefois à l'entreprise d'embouteiller différents single malts. Le produit le plus vendu est la version standard 12 ans d'âge ; les 18 et 25 ans d'âge sont aussi très appréciés, et des versions plus âgées et des millésimes spéciaux sont parfois proposés.

◀ TOMATIN 25 ANS
SINGLE MALT : HIGHLANDS
43 % VOL.
De présentation simple, ce malt mûr et acidulé, riche en noix et en épices, est un triomphe de la matière sur le style.

TOMATIN 30 ANS
SINGLE MALT : HIGHLANDS
49.3 % VOL.
Voluptueux en fin de repas, avec un nez de sherry, et d'impressionnantes larmes.

TOMINTOUL

Écosse
Kirkmichael, Ballindalloch, Grampian
www.tomintouldistillery.co.uk

Tomintoul ouvrit en 1964, à l'époque d'une explosion des ventes de blends écossais. Elle se contentait de fournir du whisky de malt pour l'élaboration de ces blends, ce qui resta le cas après son rachat en 2000 par Angus Dundee, qui avait besoin de malt pour ses propres blends (*voir* p. 17). Cependant, bien que la proportion de la production annuelle totale, 3,3 millions de litres, destinée à l'embouteillage de single malts soit mineure, le nombre de versions a beaucoup augmenté.

TOMINTOUL 10 ANS ▶
SINGLE MALT : SPEYSIDE
40 % VOL.
Lancé en 2002, ce malt raffiné, idéal en apéritif, présente de la vanille issue du bois et un caractère céréalier léger.

TOMINTOUL 16 ANS
SINGLE MALT : SPEYSIDE
40 % VOL.
Cette version a un caractère plus riche en noix et épices, avec des notes d'écorce d'orange sur le nez, une profondeur accrue et une texture plus ronde.

TORMORE

Écosse
Advie, Grantown-on-Spey, Morayshire

Bâtie en 1958, Tormore, grand site de production, est le symbole de la confiance portée dans le secteur du whisky à une époque où la demande mondiale pour les blends écossais était en forte croissance. Avec son toit couvert de cuivre et sa grande cheminée, la distillerie domine la route A95 traversant la Speyside. L'architecte de ce projet, Sir Albert Richardson, ancien président de l'Académie royale, n'a pas lésiné sur la grandeur ni sur l'originalité. Tormore appartient aujourd'hui à Chivas Brothers (Pernod Ricard), qui a commercialisé un embouteillage officiel de 12 ans d'âge en 2004.

◄ TORMORE 12 ANS
SINGLE MALT : SPEYSIDE
40 % VOL.
Caractère souple et malté sur le nez, avec des notes de melon et d'herbe. En bouche, la texture est légèrement grasse, et le corps moyen à léger, s'asséchant sur la finale.

TULLAMORE DEW

Irlande
www.tullamoredew.com

La famille Williams prit le contrôle de la distillerie Tullamore Dew en 1903. De fait, Daniel E. Williams est encore associé au whiskey à Tullamore – « Dew » vient de ses initiales. Mais en 1954 la distillerie ferma et la marque fut vendue à Powers, plus tard englobé dans Irish Distillers, avant d'être vendue de nombreuses fois. Le whiskey est désormais produit sur commande à Midleton, le spiritueux se vend bien en Europe continentale.

TULLAMORE DEW ▶
BLEND 40 % VOL.
Un whiskey manquant de dimension. Il a la saveur typiquement brûlée du bourbon mais sans plus.

TULLAMORE DEW 12 ANS
BLEND 40 % VOL.
Situé à un niveau supérieur à celui des autres blends Tullamore, ce 12 ans d'âge est plus proche d'un Jameson de première qualité. Le trio magique pot still, sherry et chêne est ici une évidence.

TULLIBARDINE

Écosse
Blackford, Perthshire
www.tullibardine.com

Tullibardine sortit de sa léthargie en 2003, lorsqu'elle fut rachetée par un consortium indépendant. Elle lança son premier embouteillage officiel, un 10 ans d'âge. Plusieurs versions issues d'un stock familial, composé de 3 000 fûts, dont les plus vieux datent de 1952, furent produites en 2003. En 2011, la distillerie fut à nouveau rachetée, par une entreprise française, cette fois, Picard Vins & Spiritueux.

◄ TULLIBARDINE 1993 SHERRY WOOD FINISH
SINGLE MALT : HIGHLANDS
46 % VOL.
Les 18 mois en cuves de sherry oloroso donnent à ce malt une couleur profonde et ambrée, et un arôme épicé, évoquant le caramel dur, s'asséchant sur la finale.

TULLIBARDINE 1993
SINGLE MALT : HIGHLANDS
40 % VOL.
Plus proche d'un whisky de la Speyside que d'un malt corsé des Highlands. Nez acidulé, avec une douceur vanillée issue du vieillissement en fûts de bourbon.

TYRCONNELL

Irlande

Cooley Distillery, Riverstown,
Cooley, County Louth
www.cooleywhiskey.com

Personne ne se souvient du whiskey Tyrconnell d'origine. La distillerie qui le produisait, Andrew A. Watt and Company of Derry City, ferma en 1925. À l'époque, ce whiskey était très populaire aux États-Unis.

Mais les troubles civils en Irlande et la prohibition américaine conduisirent Watt ainsi que de nombreuses autres distilleries irlandaises à rejoindre ☛

TYRCONNELL SINGLE MALT ▶
SINGLE MALT 40 % VOL.
C'est le malt de Cooley le plus vendu, ce qui s'explique lors de la dégustation. Il possède le nez le plus agréable de tous les whiskeys irlandais, dévoilant du jasmin, du chèvrefeuille et des biscuits maltés au lait.

TYRCONNELL PORT CASK
SINGLE MALT 46 % VOL.
Le porto modifie légèrement le nez, apportant des épices. Le corps a des arômes de biscuits à la figue et de pudding de Noël.

TYRCONNELL

☛ le groupe Scottish United Distillers Company. Pour protéger ses marques de scotch, UDC ferma brutalement les distilleries irlandaises qu'elle possédait, affaiblissant l'industrie du whiskey sur l'île.

The Tyrconnell fut la première marque que John Teeling, de la distillerie Cooley, choisit de relancer lorsqu'il embouteilla son premier single malt en 1992. Depuis, plusieurs versions du 10 ans d'âge, aux affinages différents, ont été commercialisées.

◄ TYRCONNELL SHERRY CASK
SINGLE MALT 46 % VOL.
La meilleure des finitions bois – le malt et le sherry fruité fusionnent magnifiquement.

TYRCONNELL MADEIRA CASK
SINGLE MALT 46 % VOL.
L'île de Madère et celle d'Irlande se valorisent mutuellement dans ce single malt. Des notes chaudes de cannelle et d'épices mélangées dansent sur le palais.

UBERACH

France

Bertrand Distillery,
3 rue du Maréchal-Leclerc,
BP 21, 67350 Uberach, Alsace
www.distillerie-bertrand.com

La distillerie de cognac et de liqueur Bertrand, en Alsace, créée en 1874, est toujours restée propriété familiale. Le sol alsacien est particulièrement fertile et alluvial, et la distillerie est située dans un lieu de production de différents fruits utilisés dans certains alcools produits par Bertrand.

La société s'est récemment tournée vers la fabrication de bière et de deux whiskies non filtrés, l'Uberach Single Malt et l'Uberach Single Cask.

UBERACH SINGLE MALT ▶
SINGLE MALT 42,2 % VOL.
Floral, fruité et épicé, avec du thé noir et des soupçons de prunes, également de la cire et des notes de tabac. Aromatique, bien équilibré, avec une finale fruitée marquée par le chêne.

USHER'S GREEN STRIPE

Écosse

Propriétaire : Diageo

L'entreprise Usher à Édimbourg compte parmi les premiers noms du whisky, et fut pionnière dans l'art de l'assemblage. Elle est reconnue pour avoir commercialisé le premier blend de l'époque moderne, l'Old Vatted Glenlivet, en 1853. Après que l'entreprise rejoignit le groupe DCL en 1919, la marque perdit peu à peu de son éclat. Aujourd'hui, l'Usher's Green Stripe est l'un des whiskies écossais les moins chers du marché américain. Pourtant, le whisky d'Usher reste très estimé parmi les historiens et les collectionneurs, notamment pour son matériel publicitaire de très grande qualité.

◄ USHER'S GREEN STRIPE

BLEND 40 % VOL.

Un blend peu onéreux, contenant une forte proportion de whisky de grain, bien adapté aux mélanges.

VAN WINKLE

États-Unis
2843 Brownsboro Road
Louisville, Kentucky
www.oldripvanwinkle.com

Le légendaire Julian P. « Pappy » Van Winkle Sr était vendeur pour W. L. Weller & Sons, connu pour son bourbon Old Fitzgerald.

Van Winkle est spécialisé dans les whiskeys small batch et âgés. Les bourbons sont élaborés avec du blé, ce qui leur donnerait un arôme plus onctueux et doux au cours d'une longue période de vieillissement privilégiée par Van Winkle. En effet, tous ☛

PAPPY VAN WINKLE'S FAMILY RESERVE 15 ANS ▶
BOURBON 53,5 % VOL.
Un nez doux de caramel et de vanille, avec du charbon de bois et du chêne. Corps plein, rond et onctueux. Longue finale complexe d'orange épicée, de toffee, de vanille et de chêne.

OLD RIP VAN WINKLE 10 ANS
BOURBON 45 % VOL.
Grand nez de caramel et mélasse, suivi de miel et de fruits épicés sur le palais moelleux et profond. La finale est longue, avec des notes de café et de réglisse.

VAN WINKLE

☛ les whiskeys sont vieillis au moins 10 ans dans des fûts de chêne de montagne carbonisés.

Buffalo Trace (voir p. 66) a établi un partenariat en 2002 avec Julian Van Winkle, le petit-fils de « Pappy » Van Winkle. L'entreprise fabrique et distribue les whiskies Van Winkle. Les versions régulières sont produites dans diverses distilleries puis vieillies à la distillerie Old Hoffman, appartenant à Van Winkle et désormais fermée.

◄ VAN WINKLE FAMILY RESERVE RYE 13 ANS

RYE WHISKEY 47,8 % VOL.

Pratiquement unique pour cet âge. Nez puissant de fruits et d'épices. Vanille, épices, poivre et cacao en bouche. La longue finale associe caramel et café.

PAPPY VAN WINKLE'S FAMILY RESERVE 20 ANS

BOURBON 45.2 % VOL.

Vieux pour un bourbon, ce whiskey a supporté l'épreuve du temps. Nez de vanille douce et caramel, avec du raisin sec, de la pomme et du chêne. Riche et crémeux en bouche, avec de la mélasse et un soupçon de charbon. La finale est longue et complexe, avec une touche de carbonisation du chêne.

VAT 69

Écosse
Propriétaire : Diageo

À l'apogée de son essor, le Vat 69 était le dixième whisky le plus vendu au monde. Les films et les romans des années 1950 et 1960 y font largement référence. Commercialisé en 1882, il fut le produit phare des assembleurs William Sanderson & Co., basés à South Queensferry, et son nom vient du fait que sur 100 mélanges (*vat* en anglais), le 69e était le plus raffiné.

Le propriétaire actuel de la marque, Diageo, donne la priorité aux blends Johnnie Walker et J&B, il ne serait donc pas faux de prétendre que, malgré des ventes annuelles dépassant le million de caisses au Venezuela, en Espagne et en Australie, les jours de gloire du Vat 69 sont révolus.

VAT 69 ▶
BLEND 40 % VOL.
Un blend standard léger et équilibré, avec, initialement, une influence douce mais notable de crème glacée à la vanille, et un arrière-plan malté.

W. L. WELLER

États-Unis

Buffalo Trace Distillery,
1001 Wilkinson Boulevard,
Frankfort, Kentucky
www.buffalotrace.com

Distillé par Buffalo Trace, le W. L. Weller est élaboré à partir d'un moût comportant du blé en céréale secondaire, ce qui lui confère davantage d'onctuosité. William Larue Weller fut un distillateur célèbre du Kentucky au XIXe siècle, sa société a finalement fusionné avec celle des frères Stitzel en 1935. Une nouvelle distillerie Stitzel-Weller fut ensuite construite à Louisville.

◄ W. L. WELLER SPECIAL RESERVE

BOURBON 45 % VOL.

Nez marqué par des fruits frais, du miel, de la vanille et du toffee, tandis que le palais présente de nombreuses saveurs, composées de maïs mûr et de chêne épicé. La finale moyennement longue dégage des notes céréalières douces et une agréable touche de chêne.

WALDVIERTLER

Autriche
Whiskydestillerie J. Haider OG,
3664 Roggenreith 3
www.roggenhof.at

La distillerie Waldviertler Roggenhof produit deux single malts – J. H. Single Malt et J. H. Special Single Malt « Karamell » – et trois whiskies de seigle – J. H. Original Rye, J. H. Pure Rye Malt et J. H. Special Pure Rye Malt « Nougat ».

Waldviertler utilise des fûts en bois de chêne Manharstberger de la région. Les whiskies sont vieillis entre trois et douze ans, ce sont des embouteillages single cask. La distillerie produit d'autres spiritueux, dont la vodka, le gin et le cognac, mais le whisky est le centre d'intérêt principal de l'entreprise.

WALDVIERTLER J. H. SPECIAL PURE RYE MALT « NOUGAT » ▶
RYE WHISKY 41 % VOL.
Goût agréable et doux de miel, s'associant bien à la saveur vanillée légère.

WALDVIERTLER J. H. SPECIAL SINGLE MALT « KARAMELL »
SINGLE MALT 41 % VOL.
Fumé et sec, avec une saveur de caramel intense.

WAMBRECHIES

France
1 rue de la Distillerie,
59118 Wambrechies,
Nord-Pas-de-Calais
www.wambrechies.com

Wanbrechies fut fondée en 1817 et était alors une distillerie de genièvre. Elle est la seule de la région à encore avoir trois alambics. Elle continue à produire une gamme développée de genièvres, mais produit aussi un whisky de malt et une bière à base de genièvre. Les whiskies de Wambrechies sont embouteillés à 3 et 8 ans d'âge, le plus jeune est un blend léger, floral, tandis que le plus âgé présente un caractère approfondi et épicé.

◀ WAMBRECHIES 8 ANS
SINGLE MALT 40 % VOL.
Nez délicat, avec des notes céréalières, anisées et vanillées évoquant la peinture fraîche. Onctueux sur le palais, avec un profil malté raffiné. Finale épicée, avec du gingembre moulu et du chocolat au lait.

WHISKY CASTLE

Suisse
Schlossstrasse 17, 5077 Elfingen
www.whisky-castle.com

Käsers Schloss (le nom suisse de cette distillerie) appartient à Ruedi et Franziska Käser. Le couple fabrique du whisky depuis 2000 ; en 2006, d'autres activités événementielles et thématiques furent développées telles que des conférences dînatoires sur le whisky. En anglais, la marque de leur whisky est Whisky Castle, il en existe de nombreuses versions, dont le Doublewood, avec une bouffée de châtaigne, et l'Edition Käser, vieilli en fûts de Bordeaux neufs et embouteillé brut de fût.

WHISKY CASTLE
FULL MOON ▶
SINGLE MALT 43 % VOL.
Ce whisky est élaboré à partir d'orge maltée et fumée à la pleine lune, ce qui explique son nom. C'est un jeune whisky, avec un arôme et un goût douceâtres.

WHITE HORSE

Écosse

Propriétaire : Diageo

Le White Horse faisait jadis partie des dix whiskies les plus vendus au monde – plus de 2 millions de caisses par an. Le directeur, « Restless » Peter Mackie (*restless* signifiant « bouillonnant »), était décrit comme faisant preuve « d'un tiers de génie, un tiers de mégalomanie, un tiers d'excentricité ». Il reprit l'entreprise familiale en 1890 et se forgea une enviable réputation d'assembleur et d'entrepreneur.

Le White Horse est commercialisé dans plus de 100 pays. La version de luxe âgée de 12 ans, le White Horse Extra Fine, est assez rare.

◄ **WHITE HORSE**

BLEND 40 % VOL.

Complexe et satisfaisant, il dégage l'arôme corsé du Lagavulin et d'autres whiskies de la Speyside aussi réputé que l'Aultmore. De finale longue, c'est un mélange raffiné, surprenant, de whisky de grain, de whisky de malt net et de tourbe.

WHYTE & MACKAY

Écosse
www.whyteandmackay.co.uk

L'entreprise Whyte & Mackay, à Glasgow, se lança dans l'assemblage de whiskies à la fin du XIXe siècle. Sa marque phare, Special, devint vite une gamme très appréciée et n'a jamais perdu les faveurs des amateurs. Après avoir connu un nombre déroutant de propriétaires, la société fut rachetée en mai 2007 par le conglomérat indien UB Group.

Richard Paterson, maître assembleur, est l'unique constante de l'entreprise. Employé ☛

WHYTE & MACKAY SPECIAL ▶
BLEND 40 % VOL.
Nez plein, rond et bien équilibré. Sur le palais, des fruits mielleux ; onctueux et riche avec une longue finale.

WHYTE & MACKAY THE THIRTEEN
BLEND 40 % VOL.
Nez plein, riche et franc, avec un léger soupçon de bois de sherry. Le « mariage » pendant une année avant l'embouteillage donne à ce whisky un cœur solide. Un blend bien intégré.

WHYTE & MACKAY

en 1970, il a été récompensé d'un grand nombre de prix. C'est lui qui a supervisé la création de whiskies d'âges variés, dont le « nouveau » 40 ans d'âge.

L'échine de ces blends se compose des whiskies de la Speyside et des Highlands. Dalmore, et dans une plus grande mesure, Isle of Jura, sont les single malts les plus célèbres de la société, l'influence du Dalmore étant très nette dans les blends de première qualité. Tous les blends qu'elle produit sont onctueux et bien équilibrés.

◄ WHYTE & MACKAY 30 ANS
BLEND 40 % VOL.
Produit phare de la gamme Whyte & Mackay. Un grand whisky, riche, aux arômes de chêne et à la couleur acajou profonde. L'influence du sherry est forte, la note poivrée est amollie par des arômes plus doux.

WHYTE & MACKAY OLD LUXURY
BLEND 40 % VOL.
Bouquet riche, avec des notes maltées et l'influence du sherry. Le tout se mêle onctueusement sur le palais. Texture moelleuse et soyeuse. Finale réchauffante.

THE WILD GEESE

Irlande

www.thewildgeese-irishwhiskey.com

L'expression *Wild Geese* désigne les nobles irlandais et les soldats qui quittèrent le pays pour servir dans les armées européennes continentales du début du XVIIe au XXe siècle. Au fil du temps, le terme a englobé tous les hommes qui ont quitté l'Irlande ces 400 dernières années. Le thème de la diaspora et de l'émigration a imprégné la culture irlandaise. Le Wild Geese rend hommage à cet extrait de l'histoire irlandaise, et on imagine qu'il s'agit d'un bon whiskey.

THE WILD GEESE CLASSIC BLEND ▶
BLEND 40 % VOL.
Un nez de bonbon dur. Le malt n'a pas de grande influence ici, il laisse le whiskey de grain porter le caractère jusqu'à la finale.

THE WILD GEESE RARE IRISH
BLEND 43 % VOL.
Un blend riche et malté, avec un peu d'épices et des notes de citron dans le corps. Sur la finale se dévoile un peu de chêne sec.

WILD TURKEY

États-Unis

Boulevard Distillery, US Highway 62 East, Lawrenceburg, Kentucky
www.wildturkeybourbon.com

La distillerie Wild Turkey's Boulevard se trouve sur Wild Turkey Hill, au nord de la rivière Kentucky, à Lawrenceburg, dans le comté d'Anderson. Elle fut fondée en 1905 par les trois frères Ripy, dont la famille fabriquait du whiskey depuis 1869.

◀ WILD TURKEY 80 PROOF
BOURBON 40 % VOL.
Le nez doux et souple évoque le maïs, tandis que le palais est celui d'un whiskey traditionnel, équilibrant agréablement les arômes de caramel et de vanille.

WILD TURKEY 101 PROOF
BOURBON 50,5 % VOL.
Jimmy Russell affirme que la teneur en alcool de 50,5 % vol. est optimale pour l'embouteillage du Wild Turkey. Il offre un arôme souple, mais riche. Il est de corps plein, riche et robuste, avec de la vanille, des fruits frais, des épices, de la cassonade et du miel. Des notes de chêne se développent sur la finale longue, puissante mais onctueuse.

La marque Wild Turkey apparut en 1940, lorsque le président d'Austin Nichols, Thomas McCarthy, choisit une quantité de straight bourbon 101 Proof parmi les stocks de sa société pour aller à la chasse au dindon sauvage. Aujourd'hui, le Wild Turkey est distillé sous l'œil attentif du légendaire maître distillateur Jimmy Russell et de son fils Eddie. Les Russell ont aussi créé des marques très estimées, telles que le Russell's Reserve et l'American Spirit.

WILD TURKEY RARE BREED ▶
BOURBON (TENEUR EN ALCOOL VARIABLE)

Un nez complexe, initialement franc, avec des noix, des oranges, des épices et des notes florales. Miel, orange, vanille, tabac, menthe et mélasse s'équilibrent sur le palais complexe. La finale est longue, marquée par les noix, les épices et le seigle poivré.

WILD TURKEY KENTUCKY SPIRIT
BOURBON 50,5 % VOL.

Un nez frais, attractif, avec des oranges et du seigle. Complexe sur le palais, avec de l'amande, du miel, du toffee, de l'orange et du cuir. La finale est longue et douce, elle s'assombrit et de la mélasse apparaît en note ultime.

La route du whisky : Kentucky

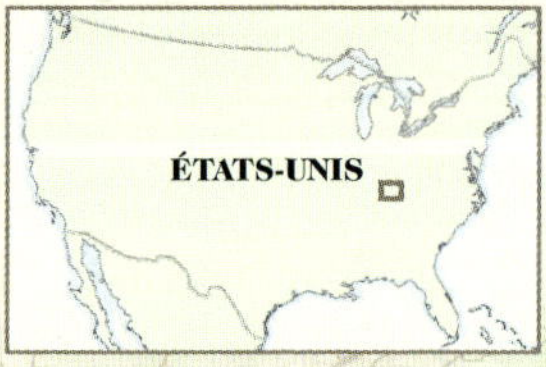

Le Kentucky est la terre d'origine du bourbon et le lieu de production de nombreuses marques célèbres du whiskey américain. La plupart des distilleries proposent des visites. Cet itinéraire vous permettra également de découvrir la beauté du Kentucky et l'hospitalité de ses habitants.

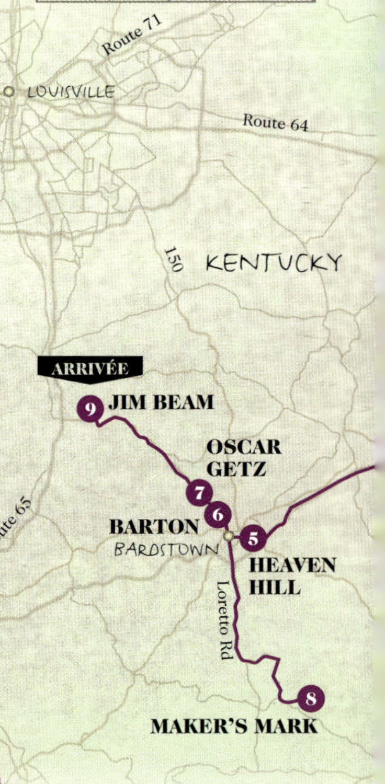

JOUR 1 : BUFFALO TRACE, WOODFORD RESERVE

TONNEAUX À WOODFORD RESERVE

❶ À Frankfort, la capitale de l'État, vous trouverez de nombreux hôtels et restaurants, et la distillerie **Buffalo Trace**, qui propose des visites toute l'année.

❷ **Woodford Reserve** est située près de la jolie ville de Versailles, dans la région de Bluegrass. Les pot stills en cuivre sont les trésors de la distillerie.

JOUR 2 : WILD TURKEY, FOUR ROSES

❸ La situation de **Wild Turkey** est spectaculaire : en haut d'une colline, elle surplombe la rivière Kentucky. Elle ouvre ses portes au public la majeure partie de l'année.

❹ **Four Roses** est construite dans le style colonial espagnol. Les visites sont organisées de l'automne au printemps (la distillerie est fermée l'été). Vous pouvez aussi réserver une visite de l'entrepôt appartenant à Four Roses, situé à Cox Creek.

EMBLÈME DE WILD TURKEY

SÉJOUR TOURISTIQUE

JOURS : 5
DISTANCE : 137 km
TRANSPORT : voiture
DISTILLERIES : 8

JOUR 3 : HEAVEN HILL, BARTON, OSCAR GETZ

❺ Bardstown est réputé pour être la capitale mondiale du bourbon. Elle constitue un excellent point de départ pour visiter les distilleries des alentours. Réservez une chambre à l'Old Talbott Tavern. Dirigez-vous ensuite vers le **Heaven Hill Bourbon Heritage Center**, qui propose la visite d'un entrepôt de stockage du bourbon et la possibilité de goûter deux whiskeys Heaven Hill.

HEAVEN HILL, BARDSTOWN

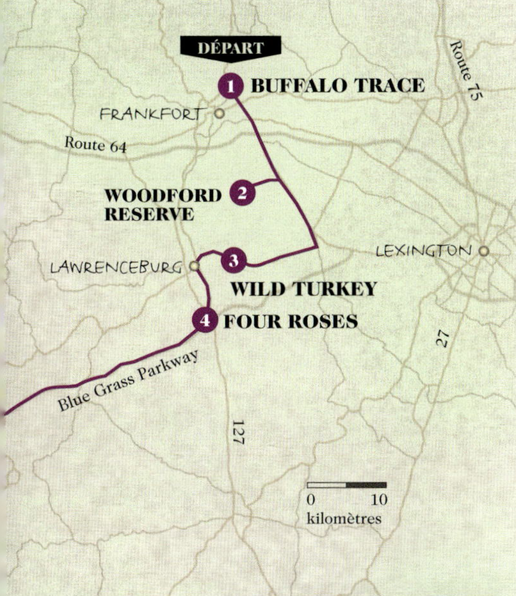

❻ La distillerie Tom Moore de **Barton** est restée de taille modeste. Une visite des différentes étapes de production est désormais possible, et un centre touristique ultra-moderne, Barton Brands Visitor Center, est ouvert.

❼ Le **Oscar Getz Whiskey Museum** présente une collection d'objets en lien avec le whiskey, dont des bouteilles anciennes rares, un alambic à moonshine, des publicités, des gadgets et la licence d'exploitation originale d'Abraham Lincoln.

JOUR 4 : MAKER'S MARK

❽ La distillerie **Maker's Mark** est située le long de Hardin's Creek. Le domaine de la distillerie est un parc botanique abritant 275 espèces d'arbres et d'arbustes.
Des visites guidées de la distillerie sont organisées tous les jours.

DISTILLERIE JIM BEAM À CLERMONT

JOUR 5 : JIM BEAM

❾ La distillerie **Jim Beam** à Clermont propose des visites du domaine, d'un entrepôt en activité et du Hartmann Cooperage Museum. L'American Outpost est un centre touristique ouvert sur le site, un film y est présenté sur les étapes de fabrication du bourbon à Jim Beam, ainsi qu'une exposition retraçant plus de deux siècles d'histoire du bourbon.

WILLIAM LAWSON'S

Écosse

Propriétaire : John Dewar & Sons (Bacardi)

Le nom de la marque Lawson's date de 1849 mais la distillerie, située à Macduff, fut bâtie en 1960. Lawson's est gérée aux côtés de Dewar, et vend plus d'un million de caisses par an en France, en Belgique, en Espagne et en Amérique du Sud.

Le single malt Glen Deveron, de Macduff, est un fort composant du blend. MacDuff est la distillerie qui utilise le plus de fûts de sherry dans le groupe Dewar, ce qui contribue au style de la maison : un arôme plein et une couleur riche.

◄ WILLIAM LAWSON'S FINEST
BLEND 40 % VOL.
Nez légèrement sec, avec des notes de chêne. Le palais est équilibré, avec un arôme frais de pommes au caramel. Un whisky au corps moyen à plein.

WILLIAM LAWSON'S SCOTTISH GOLD 12 ANS
BLEND 40 % VOL.
L'arôme est plus développé que dans les versions standards, indiquant que la teneur en whisky de malt est plus forte.

WINDSOR

Écosse

Propriétaire : Diageo

Le nom Windsor est lié à la famille royale britannique, et la bouteille confirme la position de la marque parmi les gammes de luxe. Windsor fut développée par un partenariat entre Seagram et un producteur local, Doosan. Quand Diageo racheta les intérêts de Seagram, il lança le Windsor 17 en 2000 comme le premier whisky de qualité supérieur. Le marché coréen était dominé à cette époque par des produits de première qualité. Le succès de Windsor menaçait ses concurrents, qui ont depuis tenté de rivaliser avec des whiskies plus âgés.

WINDSOR 12 ANS ▶
BLEND 40 % VOL.
Vanille, bois et fruits frais sur le nez. Pomme verte sur le palais, avec du miel, de la vanille et un caractère épicé qui s'amollit en une finale onctueuse.

WINDSOR 17 ANS
BLEND 40 % VOL.
Nez riche de crème brûlée à la vanille, avec des fruits et un arrière-plan malté. Fruits frais et miel sur le palais, avec des notes de chêne vanillé.

WINDSOR CANADIAN

Canada

Alberta Distillery, 1521 34th Avenue Southeast, Calgary, Alberta

On pourrait penser que ce whisky provient de la distillerie Hiram Walker de Windsor, Ontario ; en réalité, il est produit à la distillerie Alberta (*voir* p. 12). Le nom fait sans aucun doute référence à la famille royale britannique, toutefois, il ne faut pas le confondre avec le Windsor Scotch (*voir* p. 373). Comme tous les autres whiskies d'Alberta, le Windsor Canadian est composé exclusivement de seigle.

◄ WINDSOR CANADIAN
BLENDED CANADIAN RYE
40 % VOL.

Nez marqué par le miel, les pêches, les pignons de pins et les clous de girofle. Corps moyen et saveur douce, avec des notes céréalières et boisées. Un whisky modeste, au très bon rapport qualité/prix.

WISER'S

Canada
Hiram Walker Distillery, Riverside Drive East, Walkerville, Ontario
www.wisers.ca

John Philip Wiser fut le premier à inscrire « Canadian Whisky » sur ses bouteilles, à la Chicago World's Fair de 1893. Au début du XXe siècle, la distillerie était la troisième plus grande entreprise de whisky au Canada, et ses whiskies se vendaient de la Chine aux États-Unis.

Quelques années après la mort de J. P. Wiser, en 1917, l'entreprise fut rachetée par Hiram Walker. Enfin, la production fut déplacée sur le site de la distillerie Hiram Walker, à Walkerville. Wiser's est aujourd'hui la cinquième marque de whisky la plus vendue au Canada.

WISER'S DELUXE ▶
BLEND 40 % VOL.
Nez fruité et épicé, avec de l'huile de lin, de la vanille et du toffee.

WISER'S SMALL BATCH
BLEND 43,4 % VOL.
Riche en arômes, avec de la vanille, du chêne et du caramel dur. La teneur en alcool plus forte permet à l'arôme et à la texture de se développer plus largement.

WOODFORD RESERVE

États-Unis
7855 McCracken Pike,
Versailles, Kentucky
www.woodfordreserve.com

Woodford Reserve est la plus petite distillerie du Kentucky, et elle est la seule parmi les distilleries de bourbon à pratiquer la triple distillation dans trois alambics pot still en cuivre.

◀ WOODFORD RESERVE DISTILLER'S SELECT

BOURBON 45,2 % VOL.

Nez raffiné mais robuste, parfumé, avec du chocolat au lait aux raisins secs, des fruits secs, du sucre cuit, du gingembre et une note de savon à cuir. Complexe sur le palais, il est parfumé et fruité, avec des framboises, de la camomille et du gingembre. La finale offre des notes de vanille persistantes et du chêne poivré.

MASTER'S COLLECTION FOUR GRAIN

BOURBON 46,2 % VOL.

Tarte aux pommes épicée, vanille, caramel et menthe sur le nez. Le palais offre de la vanille, du caramel, de l'orange, des noix et du chêne. Longue finale de pin et de chêne épicé.

En 2005, le premier embouteillage de la gamme Master's Collection fut vendu sous le nom de Four Grain Bourbon et, deux ans plus tard, un Sonoma-Cutrer Finish fut ajouté à la gamme. Le Master's Collection 1838 Sweet Mash fut lancé en 2008 pour célébrer la construction de la distillerie Woodford Reserve actuelle, et pour rendre hommage au « sweet mash », la méthode de production traditionnelle du bourbon.

MASTER'S COLLECTION SONOMA-CUTRER FINISH ▶
BOURBON 43,2 % VOL.
Le seul bourbon au monde affiné dans des fûts de Chardonnay de Californie, après un vieillissement en fûts de chêne neufs et carbonisés. Fruité et doux sur le nez et sur le palais. Le nez présente du caramel et des amandes, en bouche se dégagent pomme, pêche et toffee. La finale est moyennement longue, avec de la cire à bois et du chêne fruité.

MASTER'S COLLECTION 1838 SWEET MASH
BOURBON 43,2 % VOL.
Sirop d'érable, fruits épicés, cannelle et noix de muscade sur le nez. Palais riche présentant du sirop d'érable, des fruits, du seigle et de la menthe. La finale est longue, avec des notes de pomme.

INDEX DES WHISKIES PAR TYPE

Les numéros de page en *italique* désignent les routes du whisky.

INDEX DES WHISKIES PAR PAYS

Les numéros de page en *italique* désignent les routes du whisky.

REMERCIEMENTS

Charles MacLean est spécialisé dans le whisky depuis 30 ans. Désigné par *The Times* comme « expert du whisky écossais », il est l'auteur de plus de dix ouvrages sur le sujet, dont *Scotch Whisky: A Liquid History*, *Scotch Whisky*, *Malt Whisky*, et est le directeur d'ouvrage de *Whiskies du monde*, paru en 2010 pour le compte des Éditions Prisma. Il fut le rédacteur en chef à l'origine de *Whisky Magazine*. En 2009, Charles fut élu Master of the Quaich, honneur suprême dans l'industrie du whisky écossais.

Contributeurs : Dave Broom (Japon) • Tom Bruce-Gardyne (malts écossais) • Ian Buxton (blends écossais) • Charles MacLean (Canada, Océanie, Asie) • Peter Mulryan (Irlande) • Hans Offringa (Europe) • Gavin D. Smith (États-Unis).

L'éditeur aimerait remercier les personnes et les organisations suivantes pour leur aide dans la préparation de cet ouvrage : Susan Bosanko pour l'indexage, Robert Sharman pour l'éditing, Ann Miller chez Aberlour Distillery, Rob, Robbie et Brian chez Balvenie et Glenfiddich distilleries, Dave et Heather chez Bowmore Distillery, Mark et Duncan chez Bruichladdich Distillery, Ewan Mackintosh chez Caol Ila Distillery, Ian et Claire chez Gordon & MacPhail, Ruth et Ian (Pinky) chez Lagavulin Distillery, l'équipe de The Mash Tun chez Aberlour, Philip Shorten chez Milroy's of Soho, The Whisky Shop Dufftown, Sukhinder Singh et toute l'équipe chez The Whisky Exchange, Londres (www.thewhiskyexchange.com), Marisa Renzullo, Casper Morris, Becky Offringa de The Whisky Couple.

Crédits photographiques : l'éditeur souhaiterait remercier pour leur aide dans ce projet et leur aimable autorisation de reproduction de leurs photographies :

Aberfeldy Distillery ; Aberlour Distillery ; Alberta Distillery : Alberta, Tangle Ridge, Windsor Canadian ; Allied Distillers ; Anchor Distilling Company : Old Potrero ; Angus Dundee ; Ardbeg Distillery ; Ardmore Distillery ; Arran Distillers : Arran, Lochranza ; Auchroisk Distillery ; Aultmore Distillery ; Bacardi & Company : Dewar's, Royal Brackla, William Lawson's ; Bakery Hill Distillery ; Balblair Distillery ; The Balvenie Distillery Company ; Beam Global España : DYC ; Beam Global Distribution (Royaume-Uni) : Ardmore, Laphroaig, Teacher's ; Beam Global Spirits & Wine, Inc. (États-Unis) : Baker's® Kentucky Straight Bourbon Whiskey (53,5 % Alc./Vol. ©CST), James B. Beam Distilling Co., Clermont, KY ; Basil Hayden's® Kentucky Straight Bourbon Whiskey (40 % Alc./Vol. ©CST), Kentucky Springs Distilling Co., Clermont, KY ; Booker's® Kentucky Straight Bourbon Whiskey (60,5 % - 63,5 % Alc./Vol. ©CST), James B. Beam Distilling Co., Clermont, KY ; Clermont Distillery ; Canadian Club® Blended Canadian Whisky (40 % alc./vol. ©CST) Canadian Club Import Company, Deerfield, IL ; Jim Beam Black® Kentucky Straight Bourbon Whiskey (43 % Alc. Vol. ©CST), James B. Beam Distilling Co., Clermont, KY ; Jim Beam® Kentucky Straight Bourbon Whiskey (40 % Alc Vol. ©2009), James B. Beam Distilling Co., Clermont, KY ; Jim Beam's Choice® Kentucky Straight Bourbon Whiskey (40 % Alc./Vol. ©2009), James B. Beam Distilling Co., Clermont, KY ; Jim Beam® Straight Rye Whiskey (40 % Alc./Vol. ©CST), James B. Beam Distilling Co., Clermont, KY ; Kessler® American Blended Whiskey Lightweight Traveler® (40 % Alc./Vol. 72,5 % Grain Neutral Spirits, ©2009), Julius Kessler Company, Deerfield, IL ; Knob Creek® Kentucky Straight Bourbon Whiskey (50 % Alc./Vol. ©2009), Knob Creek Distillery, Clermont, KY ; Maker's Mark® Bourbon Whisky (45 % Alc./Vol. ©CST), Maker's Mark Distillery, Inc., Loretto, KY ; Old Crow® Kentucky Straight Bourbon Whiskey (40 % Alc./Vol. ©2009), W.A. Gaines, Div. of The Old Crow Distillery Company, Frankfort, KY ; Old Grand-Dad® Kentucky Straight Bourbon Whiskey (43 %, 50 % and 57 % Alc./Vol. ©2009), The Old Grand-Dad Distillery Company, Frankfort, KY ; Old Taylor® Kentucky Straight Bourbon Whiskey (40 % Alc./Vol. ©CST), The Old Taylor Distillery Company, Frankfort, KY ; Benriach Distillery ; Benrinnes Distillery ; Benromach Distillery ; Berry

Brothers & Rudd : Cutty Sark ; Bertrand Distillery : Uberach ; Betta Milk Cooperative : Hellyers Road ; Bowmore Distillery ; Braunstein ; Brown-Forman Corporation : Canadian Mist, Early Times, Old Forester, Woodford Reserve, Jack Daniel's ; Bruichladdich Distillery ; Bunnahabhain Distillery ; Burn Stewart Distillers : Black Bottle, Deanston, Scottish Leader ; The Old Bushmills Distillery Co : Bushmills, The Irishman, Knappogue Castle ; Campari Drinks Group : Glen Grant, Old Smuggler ; Cardhu Distillery ; Castle Brands Inc. : Jefferson's, Sam Houston ; Chivas Brothers :100 Pipers, Ballantine's, Chivas Regal, Clan Campbell, Long John, Passport, Queen Anne, Royal Salute, Something Special, Stewarts Cream of the Barley, Strathisla, Tormore ; Clear Creek Distillery : McCarthy's ; Clontarf Distillery ; Clynelish Distillery ; Compass Box Delicious Whisky ; Constellation Spirits Inc. : Black Velvet®, Ridgemont® ; Cooley Distillery : Connemara, Cooley, Greenore, Inishowen, Kilbeggan, Locke's, Magilligan, Tyrconnel, Wild Geese ; Corby Distilleries : Wiser's ; Craigellachie Distillery ; Cragganmore Distillery ; Des Menhirs : Eddu ; Diageo plc : Bell's, Black & White, Buchanan's, Bulleit Bourbon, Bushmills, Cameron Brig, Caol Ila, Cardhu, Crown Royal, Dalwhinnie, Dimple, Glen Elgin, Haig, J&B, Johnnie Walker, Lagavulin, Linkwood, Oban, Old Parr, Royal Lochnagar, Teaninich, Usher's Green Stripe, VAT 69, White Horse, Windsor ; Diageo Canada : Seagram's ; Domaine Charbay : Charbay ; Domaine Mavela : P&M ; Edrington Group : The Famous Grouse, Tamdhu ; The English Whisky Co. ; Fleischmann : Grüner Hund ; Four Roses Distillery ; The Gaelic Whisky Co. : Poit Dhubh ; George A. Dickel & Co. : George Dickel ; Girvan Distillery ; Glencadam Distillery ; Glendronach Distillery ; Glendullan Distillery ; Glenfarclas Distillery ; Glenfiddich Distillery ; Glenglassaugh Distillery ; Glengoyne Distillery ; Glenkinchie Distillery ; Glenlivet Distillery ; The Glenmorangie Company : Bailie Nicol Jarvie, Glenmorangie, James Martin's ; Glenora Distillery : Glen Breton ; Glenrothes Distillery ; Glenturret Distillery ; Graanstokerij Filliers : Goldlys ; Great Southern Distilling Company : Limeburners ; Guillon Distillery ; Heaven Hill Distilleries, Inc. : Bernheim, Elijah Craig, Evan Williams, Heaven Hill, Georgia Moon, Mellow Corn, Old Fitzgerald, Parker's, Pikesville, Rittenhouse Rye ; Highland Park Distillery ; Highwood Distillers ; Holle ; Ian MacLeod : Langs ; International Beverage Holdings ; Inver House Distillers : Catto's, Hankey Bannister, Inver House, MacArthur's, Pinwinnie Royale, Speyburn ; Isle of Arran : Robert Burns ; Jura Distillery ; Käsers Schloss : Whisky Castle ; Kentucky Bourbon Distillers, Ltd. : Johnny Drum ; Kilchoman Distillery ; King Car Whisky Distillery : Kavalan ; Kirin Holdings Company ; Kittling Ridge Distillery : Forty Creek ; Knockdhu Distillery : AnCnoc ; Knockeen Hills ; La Maison du Whisky : Nikka ; Lark Distillery ; Last Drop Distillers ; Luxco Spirited Brands : Rebel Yell ; Macallan ; Macduff International : Grand Macnish, Islay Mist, Lauder's ; Mackmyra ; McMenamin's Group : Edgefield ; Midleton Distillery : Clontarf, Crested Ten, Dungourney, Green Spot, The Irishman, Jameson, Midleton, Paddy, Powers, Redbreast, Tullamore Dew ; Morrison Bowmore Distillers : Auchentoshan, Bowmore, Glen Garioch, McClelland's, Yamazaki ; Murree Distillery ; The Nant Estate ; The New Zealand Malt Whisky Company : Milford ; The Nikka Whisky Distilling Co. ; Number One Drinks Company : Chichibu, Hanyu, Ichiro's Malt ; Old Pulteney Distillery ; The Owl Distillery : The Belgian Owl ; Pernod Ricard USA : American Spirit, Russell's Reserve, Wild Turkey ; Piedmont Distillers : Catdaddy ; Preiss Imports ; Radico Khaitan : 8PM ; Reisetbauer ; Richard Joynson : Loch Fyne ; Rogue Spirits ; Rosebank Distillery ; Saint James Spirits : Peregrine Rock ; Sazerac Company, Inc. : Ancient Age, Blanton's, Buffalo Trace, Eagle Rare, Elmer T. Lee, Experimental Collection, George T. Stagg, Hancock's Reserve, Kentucky Gentleman, Old Charter, Ridgemont, Sazerac Rye, Thomas H. Handy, W.L. Weller, Very Old Barton ; Scapa Distillery ; Spencerfield Spirits : Pig's Nose ; Speyside Distillery ; Springbank Distillers : Hazelburn, Longrow, Springbank ; St George Spirits ; Stock Plzen : Printer's ; Stranahan's Colorado Whiskey ; Suntory Group ; Tasmania Distillery : Sullivan's Cove ; Teerenpeli ; Templeton Rye ; Talisker Distillery ; Tobermory Distillery : Ledaig, Tobermory ; Tomatin Distillery : The Antiquary, Tomatin ; Tomintoul Distillery ; Triple Eight Distillery : The Notch ; Tullibardine Distillery ; Tuthilltown Distillery : Hudson ; United Spirits ; Us Heit Distillery : Frysk Hynder ; Waldviertler Whiskydestillerie ; Wambrechies Distillery ; Welsh Whisky Company : Penderyn ; Whyte & Mackay : Black Dog, The Claymore, Cluny, The Dalmore, Tamnavulin, Whyte & Mackay ; William Grant & Sons : Clan MacGregor, Glenfiddich, Grant's, Ladyburn, Monkey Shoulder ; Zuidam Distillery : Millstone.

Photos supplémentaires par Chris Bunting (Golden Horse p. 163), The Whisky Couple (emblème de Wild Turkey p. 370), et The Whisky Exchange (Hirsch Reserve p. 183). Toutes les autres images par Thameside Media/Michael Ellis © DK Images.

Images de la couverture : (en haut, de gauche à droite) The Glenlivet 12 ans – Irish Distillers Pernod Ricard, Kirin Whisky – Kirin Company Limited, Old Potrero Straight Rye Whiskey – Anchor Distilling, Jameson Triple Distilled Irish Whiskey – Irish Distillers Pernod Ricard, Jura Origin 10 ans – Whyte & Mackay, Single Malt Yoichi 10 ans – Nikka Whisky, Redbreast 12 ans – Irish Distillers Pernod Ricard/David Norton ; (en bas, de gauche à droite) Single Malt Yoichi 10 ans – Nikka Whisky, Redbreast 12 ans – Irish Distillers Pernod Ricard/David Norton, The Glenlivet 12 ans – Irish Distillers Pernod Ricard, Kirin Whisky – Kirin Company Limited, Old Potrero Straight Rye Whiskey – Anchor Distilling, Jameson Triple Distilled Irish Whiskey – Irish Distillers Pernod Ricard, Jura Origin 10 ans – Whyte & Mackay ; (4ᵉ de couverture, de gauche à droite) Jameson Triple Distilled Irish Whiskey – Irish Distillers Pernod Ricard, Jura Origin 10 ans – Whyte & Mackay, Single Malt Yoichi 10 ans – Nikka Whisky, Redbreast 12 ans – Irish Distillers Pernod Ricard/David Norton, The Glenlivet 12 ans – Irish Distillers Pernod Ricard, Kirin Whisky – Kirin Company Limited, Old Potrero Straight Rye Whiskey – Anchor Distilling ; (dos, de gauche à droite) The Glenlivet 12 ans – Irish Distillers Pernod Ricard, Kirin Whisky – Kirin Company Limited, Jameson Triple Distilled Irish Whiskey – Irish Distillers Pernod Ricard.